Erste Schritte

Eine Einführung in die Grundwahrheiten des christlichen Glaubens

Ian Seaders

Dynamis
Bücher Musik Multimedia

ERSTE SCHRITTE
Ian Seaders

Übersetzung aus dem Englischen: Ilse Bearth und Elke G. Mohney

Die Bibelstellen sind, wenn nicht anders angegeben, der revidierten Lutherbibel 1985 entnommen.

ISBN 3-85645-122-6
Best. Nr. 307122

Graphik: Magi Oden, Grafik Design, CH-8003 Zürich
Druck: Jordi AG, CH-3123 Belp
Printed in Switzerland

Inhalt

Einführung

Dieser Kurs soll dir helfen, mit den grundlegenden Wahrheiten des christlichen Glaubens vertraut zu werden. Damit wir mit Gott kommunizieren können und verstehen, wer Er ist, hat Er uns Sein Wort, die Bibel gegeben. Deshalb ist dieser Kurs auch auf der Grundlage der Bibel aufgebaut. Bestimmt hast du schon bemerkt, dass die Bibel ein umfangreiches Buch ist. Am Anfang können Unsicherheiten bestehen, wo man beginnen soll und wie alles zusammenpasst. Diese Lektionen sollen dir helfen, die Bibel und ihre Lehre über die wichtigsten und zentralen Wahrheiten, die wir als Christen verstehen müssen, kennenzulernen. Man kann sagen, dass dies die Grundsteine sind, die im Leben jedes Christen gelegt sein müssen. Wie der Titel schon sagt, machen wir hier nur die ersten Schritte, doch sind sie äusserst wichtig.

Als erstes musst du verstehen, dass dies lediglich eine Einführung ist. Sicherlich gibt es noch viele Fragen, die du über die Bibel und dein eigenes Leben hast, die hier nur gestreift oder nicht im speziellen behandelt werden können. Deshalb empfehlen wir dir, dieses Material zusammen mit einer Person deiner Gemeinde durchzuarbeiten, die dir nähere Erklärungen, Unterstützung und Hilfe geben kann.

Zweitens möchten wir dich bitten, die im Kurs gestellten Aufgaben auch wirklich zu machen, d.h. die Bibeltexte zu lesen, die Wochenverse auswendig zu lernen und die Fragen am Ende jeder Lektion zu beantworten. Sie wurden sorgfältig ausgewählt, um dich mit wichtigen Schriftstellen bekannt zu machen, und damit du ein besseres Verständnis für das Wort Gottes bekommst. Jede Woche (insgesamt 10) wurde in fünf Lektionen unterteilt, die du an fünf Tagen der Woche durchnehmen kannst. Pro Lektion benötigt es zwischen 15 bis 30 Minuten Zeit. Vielleicht kommt dir das anfänglich als viel vor, doch ist es eine gut investierte Zeit.

Gott hat uns Sein Wort, die Bibel, gegeben, damit wir Ihn kennenlernen. Wenn du dich in den nächsten Wochen damit vertraut machst, so tu es im Gebet und vertraue Ihm, dass Er Sein Wort in dir lebendig und sichtbar werden lässt.

1. Tag: „Der wunderbare Anfang der Menschheit“

☞ **Wochenvers zum Auswendiglernen: Römer 3,23-24; Römer 6,23**
Lies bitte: 1. Mose 1,27+31; 2,15-25; 3,1-7

Könnt ihr euch eine Welt vorstellen, in der es keine Fehler, keine Verlierer, keine Krankheit, keinen Tod, keinen Schmerz, keine bösen Menschen, keine Umweltverschmutzung gibt? Das ist nicht einfach, nicht wahr? Wir können es nicht, weil niemand von uns es je so erlebt hat. Wir alle wissen, was es heisst, verletzt zu werden und andere zu verletzen, krank zu werden, Schmerzen zu haben oder zu erleben, wie andere uns übervorteilen. Kurz gesagt: Wir leben in einer unvollkommenen Welt.

Die Frage ist nun, ob es für unsere Probleme wirkliche Lösungen gibt. Gibt es ein Heilmittel für unser unvollkommenes Menschsein? Dies sind grundlegende Fragen, die sich jeder ehrliche Mensch stellen kann. Während wir diese und die folgenden Lektionen zusammen behandeln, werden wir sehen, dass Gott auf diese Probleme eine Antwort gegeben und sich selbst durch Sein Wort, die Bibel, offenbart hat.

Der wunderbare Anfang der Menschheit: 1. Mose 1
Um den Grund unseres Unvollkommenseins besser zu verstehen, müssen wir zum Anfang zurückkehren. Im ersten Kapitel des ersten Buches Mose lesen wir folgendes:

„Am Anfang schuf Gott Himmel und Erde“ (1. Mose 1,1). Als erstes sehen wir, dass Gott der Schöpfer von allem ist. Wir als menschliche Wesen, wie auch das ganze übrige Universum, sind nicht das Produkt eines Entwicklungsprozesses, sondern wir kommen aus der Hand des liebenden, weisen, intelligenten und allmächtigen Gottes.

Wer hat deine Armbanduhr hergestellt?
Die meisten von uns tragen eine kleine Uhr am Handgelenk oder in der Tasche, um pünktlich zu sein. Sie ist ein kleines, aber durchdachtes Stück Uhrmacherkunst. Wenn ich dir weismachen wollte, dass meine Armbanduhr mit all ihren winzigen Rädern, Federn, Schrauben, Kupferstücken, Stahlteilchen und dem Saphirglas sich von allein in eine Uhr entwickelt hätte, würdest du mich wahrscheinlich mitleidig belächeln und mich für verrückt halten. Es erscheint uns völlig logisch, dass solch ein technisches Wunderwerk von einem Meister seiner Kunst erschaffen worden sein muss. So ist es auch, wenn wir die Schöpfung um uns her betrachten oder unseren eigenen Körper anschauen: wir sehen uns einer verwirrenden Vielfalt und Schönheit gegenüber, die unsere Aufmerksamkeit auf den Schöpfer lenken sollte.

Genau das sprach der Apostel Paulus an, als er die weltoffenen, intellektuellen Athener bat, die Welt um sie her zu betrachten, und zur richtigen Schlussfolgerung zu kommen: *„...damit sie Gott suchen sollen, ob sie ihn wohl fühlen und finden könnten; und fürwahr, er ist nicht ferne von einem jeden unter uns. Denn in ihm leben, weben und sind wir; wie auch einige Dichter bei euch gesagt haben: Wir sind seines Geschlechts“* (Apostelgeschichte 17,27-28).

In Gottes Ebenbild geschaffen
Weiter lesen wir in 1. Mose 1,27, dass Gott den Menschen *nach seinem Ebenbild* schuf: *„Und Gott schuf den Menschen zu seinem Bilde, zum Bilde Gottes schuf er ihn; und schuf sie als Mann und Weib.“* Das bedeutet also, dass er den Menschen völlig unterschiedlich von allen anderen Kreaturen erschaffen hat und ihn mit der Möglichkeit ausstattete, sich an der Gemeinschaft mit Ihm zu erfreuen. Gott gab dem Menschen eine Persönlichkeit, mit der Möglichkeit, frei zu wählen und innerhalb der ihm anvertrauten Schöpfung kreativ zu sein. Alle diese Dinge machten Gemeinschaft möglich.

Die Schöpfung war kein misslungenes Werk

Am Ende der sechs Schöpfungstage beurteilte Gott das, was er geschaffen hatte, folgendermassen: *„Und Gott sah an alles, was er gemacht hatte, und siehe, es war sehr gut"* (1. Mose 1,31). Wir lesen also, dass die ganze Schöpfung - Adam und Eva, die ersten Menschen miteingeschlossen - in perfektem Zustand geschaffen waren. Zu jenem Zeitpunkt gab es nichts Böses in irgendeiner Form, auch keinen Tod. Es ist wichtig, dass wir uns dies vor Augen halten, denn viele versuchen, Gott für sämtliche Probleme, denen wir gegenüberstehen, verantwortlich zu machen. Die Bibel lehrt uns jedoch, dass Gott nicht die Ursache dafür sein kann, denn alles was Er machte, *„war sehr gut"*.

✍ **Was war so besonders an dem Mann und der Frau, die Gott erschuf, im Vergleich zu der übrigen Schöpfung? (1. Mose 1,26-29)**

____

____

____

Warum pflanzte Gott den „Baum der Erkenntnis des Guten und Bösen" in den Garten Eden?

____

____

2. Tag: „Der Fall des Menschen“

☞ **Wochenvers zum Auswendiglernen: Römer 3,23-24; Römer 6,23**

Lies bitte: Jakobus 1,13-18

Was ist geschehen?
Wenn alles so wunderbar angefangen hat, was ist denn dann passiert? Warum befinden wir uns heute in einem solch bemitleidenswerten Zustand? Wir sind gegenwärtig konfrontiert mit massiven Umweltverschmutzungen, Hungersnöten, unaussprechlichen Grausamkeiten in Kriegen, einem weltweiten moralischen Zerfall und all dem Leiden der Menschen, das diese Dinge nach sich ziehen. Da gibt es Scheidungen, Missbrauch von Kindern, Drogensucht, Geisteskrankheiten, kurz gesagt, ein erschreckendes Ausmass von menschlichem Leiden und Bösem in der ganzen Welt.

Vielleicht hast du dir selbst schon die Frage gestellt, die viele Menschen heute stellen: „Wenn Gott wirklich ein liebender und allmächtiger Gott ist, warum gibt es dann so vieles Leid in dieser Welt, und warum lässt Er es zu?“ Dies mag wie eine ehrliche Frage erscheinen, in Tat und Wahrheit aber ist sie eine Anmassung und eine Anklage gegen Gott. Man nimmt an, dass, wenn Gott existiert, Er auch der Verursacher all der menschlichen Leiden sei. Dies setzt voraus, dass Gott alles, was ist und geschieht, in einer sehr direkten und manipulativen Weise bestimmt. Diese Frage enthält eine Anschuldigung, die auf der bereits erwähnten Anmassung beruht und behauptet, dass Gott der Urheber all unserer Probleme sei. Die Problematik mit dieser Logik ist, dass uns die Bibel sagt, dass Gott nicht nur liebend und allmächtig ist, sondern den Menschen auch nach Seinem Ebenbild erschaffen hat. Der Mensch muss demnach in diese Gleichung mit hineingenommen werden - und genau an diesem Punkt beginnen unsere Probleme. Wir müssen an den Anfang zurückkehren.

Wo unsere Probleme angefangen haben: 1. Mose 3
Wenn Gott nicht die Ursache unserer Probleme ist, wer ist es dann? In 1. Mose 3 sagt uns die Bibel, dass sich Satan in Form einer Schlange zeigte.[1] In dieser scheinbar unschuldigen Verkleidung (die Schlange war Teil von Gottes wunderbarer Schöpfung) hat er Adam und Eva dazu verführt, sich gegen Gott und Sein Recht zu erheben, ihr Leben zu bestimmen. Gott hatte ihnen erlaubt, sich frei in dem Garten zu bewegen, in den Er sie gesetzt hatte, ihnen aber verboten, vom „Baum der Erkenntnis des Guten und Bösen“ zu essen (1.Mose 2,17). Im Ungehorsam gegen Gottes Gebot gingen sie auf Satans Versuchung ein und assen von der Frucht dieses Baumes. Das Ergebnis ihres Ungehorsams war Trennung von Gott und Seiner Herrschaft. Sie wurden aus dem Garten Eden verbannt, damit sie nicht auch noch vom „Baum des Lebens“ ässen und ewig leben würden (1.Mose 3,22)!

Durch den Ungehorsam von Adam und Eva ist die Sünde in die Welt gekommen und hat die ganze Menschheit unter ihre Macht und unter die Herrschaft des Todes gezwungen (Römer 5,12). Nun war die Sünde in die Menschheit eingedrungen und die wunderbare Harmonie zwischen dem Menschen und der übrigen Schöpfung war zerstört. Durch diesen Ungehorsam verlor der Mensch die Gemeinschaft mit Gott und damit auch den wahren Sinn seiner Existenz.

Das grosse Problem des Menschen
In der vorhergehenden Lektion haben wir gesehen, dass der Mensch für die Gemeinschaft mit Gott geschaffen wurde. Das ist es, was Menschsein wirklich bedeutet. Ohne diese Beziehung zu Gott wird dem Menschen immer der wichtigste Teil seiner Existenz fehlen. Er wird niemals den wahren Sinn seines Leben finden. Dies ist das wirkliche Problem des Menschen und die Quelle seiner gegenwärtigen Leiden. Augustinus (354-430 n.Chr.),

[1] Off. 20,2 beschreibt Satan als „die alte Schlange“

einer der frühen Kirchenväter, schrieb in seinen Bekenntnissen: *„Du hast uns für Dich selbst geschaffen, und unsere Herzen finden keine Ruhe, bis wir in Dir ruhen!"*

Was hat den Menschen von Gott getrennt?
Gott hatte Adam und Eva ausdrücklich geboten, nicht vom „Baum der Erkenntnis des Guten und Bösen" zu essen. Wenn sie es tun würden, wären die Folgen ihres Ungehorsams Tod oder ewiges Getrenntsein von Gott, der Quelle des Lebens. Dieser Baum gab dem Menschen die Möglichkeit der freien Wahl, entweder unter Gottes Herrschaft zu sein, oder Ihn zurückzuweisen. Weil sich das erste Menschenpaar gegen Gott auflehnte (sündigte), entfernte Er es aus dem Garten Eden und aus Seiner Gegenwart, wie Er es ihnen vorhergesagt hatte. (1. Mose 2,16-17). Es war die Sünde, die den Menschen von Gott trennte.

Die Bibel lehrt uns, dass Gott ein heiliger Gott ist und Sünde nicht dulden kann. Der Apostel Johannes schreibt im 1. Johannes 1,5: *„Und das ist die Botschaft, die wir von ihm gehört haben und euch verkündigen: Gott ist Licht, und in ihm ist keine Finsternis."*

Was ist Sünde?
Es gibt zwei Begriffe, die uns helfen zu verstehen, was Sünde ist. Der erste Begriff steht in Römer 1,18 und ist übersetzt mit „Gottlosigkeit" oder „Ungöttlichkeit". Bei den einen, den Heiden, äusserte sich Gottlosigkeit in ihrer Weigerung, Gott anzubeten. Es war der willentliche Entschluss, in Lasterhaftigkeit und Bosheit zu leben (Römer 1,18-31). Bei den anderen, den Juden, zeigte sich die Sünde in ihrem Stolz auf das Gesetz. Es war ihr rebellisches Selbstvertrauen in ihre eigenen Fähigkeiten, Gottes gerechte Forderungen erfüllen zu können (Römer 2,17-29). Beide Haltungen waren das Resultat von Menschen, die sich gegen Gott und Seine zu Recht bestehende Herrschaft auflehnten.

„Ein anderer Begriff, der uns hilft, Sünde zu verstehen, ist: „harmatia", was „das Ziel des Willens Gottes verfehlen" bedeutet. Paulus gebraucht meistens diesen Begriff für „Sünde". Sünde kam durch Adam in die Welt (Römer 5,12) und wurde so an die ganze Menschheit weitergegeben. Der Mensch wurde zum Sklaven. Am Ende wartete der Tod (Römer 6, 23). Bis zum Zeitpunkt, als Jesus Christus kam, regierte die Sünde durch den Tod über die ganze Menschheit (Römer 5,21) als eine Macht, von der sich die Menschen nicht selbst befreien konnten."[2] Sünde ist mehr als nur Unzulänglichkeiten, derer wir uns bewusst oder nicht bewusst sind. Sie vereinnahmt unser ganzes Sein, das - ohne Christus - *unter die Sünde verkauft ist* (Römer 7,14). Der Mensch lebt in Auflehnung gegen Gott.

Keine Ausnahmen
In Römer 3,23 heisst es: *„Sie sind allesamt Sünder und ermangeln des Ruhmes, den sie bei Gott haben sollten."* Selbst die grössten Anstrengungen verschaffen uns nicht das Recht zu behaupten, dass wir Gottes vollkommener und heiliger Norm entsprechen. Wir haben alle - ohne Ausnahme - „das Ziel des Willens Gottes verfehlt". Wir alle brauchen die Erlösung. Paulus sagte von sich selbst in Philipper 3, 4-6: *„Wenn ein anderer meint, er könne sich auf Fleisch verlassen, so könnte ich es viel mehr, der ich am achten Tag beschnitten bin, aus dem Volk Israel, vom Stamm Benjamin, ein Hebräer von Hebräern, nach dem Gesetz ein Pharisäer, nach dem Eifer ein Verfolger der Gemeinde, nach der Gerechtigkeit, die das Gesetz fordert, untadelig gewesen."* Doch selbst für diesen so eifrigen Juden gab es keine Ausnahme!

✍ **Warum ist es dem Menschen unmöglich, durch eigene Anstrengungen Gottes vollkommene Norm der Gerechtigkeit zu erlangen?**

____

____

____

[2] George Eldon Ladd, *Theologie des Neuen Testaments*, (Grand Rapids, Mich.: Eerdmans, 1993), S. 445

3. Tag: „Die gute Nachricht"

Wochenvers zum Auswendiglernen: Römer 3,23-24; Römer 6,23
Lies bitte: Lukas 15,11-32

Die gute Nachricht
Zu diesem Zeitpunkt der Geschichte hätte Gott „sich die Hände in Unschuld waschen können". Doch die wunderbare Tatsache ist, dass Er es nicht getan hat. Unser Wochenvers zum Auswendiglernen fasst dies kurz und bündig zusammen: *„Denn der Sünde Sold ist der Tod; die Gabe Gottes aber ist das ewige Leben in Christus Jesus, unserm Herrn"* (Römer 6, 23). In seiner grossen Liebe und Barmherzigkeit hat Gott den Menschen nicht verstossen, sondern entwarf einen Plan, durch den die verlorengegangene Gemeinschaft wiederhergestellt werden konnte (Epheser 2,4-6). Im Alten Testament sehen wir, wie Gott diesen Errettungsplan vorbereitet. Das gesamte religiöse Leben der Kinder Israel, wie es im Alten Testament beschrieben wird, wies auf einen Tag hin, an dem Gottes Plan in Jesus Christus in Erfüllung gehen würde. Im Neuen Testament lesen wir in den vier Evangelien (Matthäus, Markus, Lukas und Johannes), dass Jesus Christus, der Sohn Gottes, Mensch wurde, von einer Jungfrau namens Maria geboren, um für die Menschen zu sterben, und so für die Sünde, die den Menschen von Gott trennte, den vollen Preis zu bezahlen. Dieses Geschenk des Heils bietet Gott nun jedem an, der es im Glauben empfangen will (Epheser 2,8-9). Durch Jesus Christus können wir uns jetzt an der Gemeinschaft mit Gott freuen. Dies ist Gottes Antwort für das Grundproblem des Menschen: die Sünde.

Gottes Plan
In 2. Mose 24,6 lesen wir: *„Und Mose nahm die Hälfte des Blutes und goss es in die Becken, die andere Hälfte aber sprengte er an den Altar."* Dieses Blut des Bundes, das an den Altar gesprengt wurde, wies auf Jesus Christus hin, der eines Tages das endgültige und wahre Opfer für die Sünde des Menschen sein würde. Wir sehen hier, wie Gott bereits den Weg vorbereitete, den Menschen wiederherzustellen und ihn in Seine Gemeinschaft zurückzubringen.

Jesus ist die Antwort
Jesus Christus ist die Antwort auf unsere Sünde, die uns von Gott getrennt hat. Als Gott Seinen Sohn Jesus als Mensch auf die Erde sandte, war Seine Absicht, uns von der Sünde zu erlösen und uns zurückzubringen in die Gemeinschaft mit Ihm, unserem Schöpfer. *„Denn Gott hat seinen Sohn nicht in die Welt gesandt, dass er die Welt richte, sondern dass die Welt durch ihn gerettet werde"* (Johannes 3,17).

Jesus vollbrachte dies, indem er dem Recht genüge tat, und die Sünde der ganzen Menschheit aus der Vergangenheit und in der Zukunft auf sich nahm, ans Kreuz ging und mit Seinem Leib und Blut dafür bezahlte. Im 2. Korinther 5,21 schreibt Paulus: *„Denn er hat den, der von keiner Sünde wusste, für uns zur Sünde gemacht, damit wir in ihm die Gerechtigkeit würden, die vor Gott gilt."* Ein wunderbarer Austausch ist für jeden möglich, der sein Vertrauen in Jesus Christus und das, was Er für uns getan hat, setzen will. Jesus Christus ist schon für uns zur Sünde geworden und wir können nun gerecht gemacht werden! Wir können sozusagen unsere schmutzigen Lumpen gegen Jesu weisses Kleid der Gerechtigkeit eintauschen! Das ist die Gabe, die wir im Glauben empfangen dürfen!

Was muss geschehen, damit wir diese wunderbare Gabe Gottes empfangen dürfen?
Wir müssen die Wahrheit zugeben!
Die Wahrheit ist: *„...sie sind allesamt Sünder und ermangeln des Ruhmes, den sie bei Gott haben sollten"* (Römer 3,23). Wir alle haben das Ziel verfehlt und werden Gottes Massstäben nicht gerecht. Wir müssen das eingestehen und als wahr bekennen. Die Verheissung des Wortes Gottes ist: *„Wenn wir aber unsere Sünden bekennen, so ist er treu*

und gerecht, dass er uns die Sünden vergibt und reinigt uns von aller Ungerechtigkeit" (1. Johannes 1,9). Das griechische Wort für „bekennen" bedeutet wörtlich: „dasselbe sagen" oder „zugeben", dass das, was Gott über uns sagt, wahr ist.

Wir müssen glauben!
Rettung von Sünde beinhaltet, „sich *abkehren* von der Sünde" und sich gleichzeitig „zu Gott *hinwenden"*. In Johannes 1,12 heisst es: *„Wie viele ihn aber aufnahmen, denen gab er Macht, Gottes Kinder zu werden, denen, die an seinen Namen glauben."* Das ist der entscheidende Punkt! Wollen wir Ihn aufnehmen und glauben, dass Er für uns persönlich gestorben ist? Dieser Glaube ist viel mehr als ein blosses Anerkennen der Fakten über den historischen Jesus, und dass das, was Er lehrte und sagte, wahr ist. Er schliesst viel mehr ein ganz persönliches Vertrauen ein, dass Jesu Opfertod am Kreuz geschah, um für meine Sünde zu bezahlen. Jesu Tod am Kreuz vor zweitausend Jahren ist eine historische Tatsache; aber damit sie Bedeutung für mich bekommt, muss ich glauben, dass Er für mich gestorben ist. Das bedeutet, an Jesus Christus zu glauben.

„Von diesem bezeugen alle Propheten, dass durch seinen Namen alle, die an ihn glauben, Vergebung der Sünden empfangen sollen" (Apostelgeschichte 10,43).

„Glaube an den Herrn Jesus, so wirst du und dein Haus selig" (Apostelgeschichte 16,31).

Im Heidelberger Katechismus finden wir eine sehr gute Definition des biblischen Glaubens:

„Es ist nicht allein eine gewisse Erkenntnis, dadurch ich alles für wahr halte, was uns Gott in seinem Wort offenbaret, sondern auch ein herzliches Vertrauen, welches der Heilige Geist durchs Evangelium in mir wirket, dass nicht allein andern, sondern auch mir Vergebung der Sünden, ewige Gerechtigkeit und Seligkeit von Gott geschenkt sei aus lauter Gnaden, allein um des Verdienstes Christi willen".[3]

✍ **Im Gleichnis vom verlorenen Sohn (Lukas 15,11-32) lesen wir von dem Sohn, der zum Vater zurückkehrte.**

1. Was bewirkte schlussendlich seine Rückkehr zum Vater?

____

____

2. Was ist so bemerkenswert an der Antwort des Vaters, die Er seinem heimgekehrten Sohn gab?

____

____

[3] Heidelberger Katechismus, Gütersloher Verlagshaus Mohn, 1986, 21. Frage, S. 22–23

4. Tag: „Neues Leben in Christus"

Wochenvers zum Auswendiglernen: Römer 3,23-24; Römer 6, 23
Lies bitte: Kolosser 1,13-14

Wenn wir unser Vertrauen auf Jesus Christus und Seinen Versöhnungstod am Kreuz setzen, verspricht uns Gott, unseren inwendigen Menschen zu erneuern (die Wiedergeburt) und in uns zu leben (Johannes 3,3). Wir werden Kinder Gottes oder Christen. Einige wichtige Dinge haben sich in unserem Leben verändert, und wir müssen uns dessen bewusst sein.

Ein Wechsel des Reichs
Im Kolosserbrief 1,13 schreibt der Apostel Paulus, dass mit unserer Bekehrung ein Wechsel des Reichs stattgefunden hat: *„Er hat uns errettet von der Macht der Finsternis und hat uns versetzt in das Reich seines lieben Sohnes" (Reich des Lichts, V.12).* Durch den Glauben an Jesus Christus und Seinen Tod für uns sind wir der Herrschaft von Satans Reich (seiner Herrschaftssphäre) entrissen und in das Reich Gottes versetzt worden. Manchmal mag es uns scheinen, als ob dem nicht so sei, und wir mögen ab und zu sogar Zweifel darüber haben, aber es bleibt dennoch wahr, dass wir ein für allemal die Reiche gewechselt haben. Das hat Gott für uns getan, als wir unser Vertrauen in Ihn setzten und deshalb können wir gewiss sein, dass es so ist.

Unterstreiche bitte die vier Dinge, von denen Paulus sagt, dass sie für uns durch Christi Sterben geschehen sind!

Kolosser 1,21-22: *„Auch euch, die ihr einst fremd und feindlich gesinnt wart in bösen Werken, hat er nun versöhnt durch den Tod seines sterblichen Leibes, damit er euch heilig und untadelig und makellos vor sein Angesicht stelle."*

Ein neuer rechtlicher Status - gerecht gemacht
In der vorhergehenden Lektion haben wir gesehen, dass wir vor Gott eingestehen müssen, dass wir Sünder sind, wenn wir das Geschenk unseres Heils von Ihm annehmen wollen. Teil dieser wunderbaren Gabe ist, dass wir vor Gott gerecht gemacht wurden. Wir sind gerechtfertigt, vor Gott gerecht gemacht worden.

Römer 5,1: *„Da wir nun gerecht geworden sind durch den Glauben, haben wir Frieden mit Gott durch unsern Herrn Jesus Christus."*

Hast du bemerkt, dass die Aussage von Römer 5,1 das Ergebnis unserer Rechtfertigung ist? „Wir haben Frieden mit Gott." Diese biblische Aussage bedeutet viel mehr, als nur keine Feindschaft mehr zu haben. Sie spricht von einer völlig wiederhergestellten Gemeinschaft mit Gott, in der wir uns immer Seiner Liebe und Seiner Fürsorge gewiss sein dürfen.

Hebräer 4,16: *„Darum lasst uns hinzutreten mit Zuversicht zu dem Thron der Gnade, damit wir Barmherzigkeit empfangen und Gnade finden zu der Zeit, wenn wir Hilfe nötig haben."*

Gott nahm unseren Platz ein
Die Bibel vergleicht das, was mit uns geschehen ist, als wir durch Busse und Glauben in die Gemeinschaft mit Gott zurückgekehrt sind, mit dem, was an einem Gerichtshof geschieht. In diesem Gerichtshof ist Gott der gerechte Richter und wir sind die Schuldigen und Angeklagten. Gott ist aber nicht nur der gerechte Richter, sondern auch derjenige, der an unserer Stelle auf der Anklagebank sitzt und uns seine eigene Gerechtigkeit anrechnet.

Römer 3,26: *„Er tat es, um nun in dieser Zeit seine Gerechtigkeit zu erweisen, dass er selbst gerecht ist und gerecht macht den, der da ist aus dem Glauben an Jesus."*

Wir sind der Tempel des Heiligen Geistes
1. Korinther 6,19-20: *„Oder wisst ihr nicht, dass euer Leib ein Tempel des heiligen Geistes ist, der in euch ist und den ihr von Gott habt, und dass ihr nicht euch selbst gehört? Denn ihr seid teuer erkauft; darum preist Gott mit eurem Leibe."*

Weil wir von Sünde gereinigt und durch den Glauben gerecht gemacht worden sind, wohnt nun der Heilige Geist in uns. Es ist wunderbar zu wissen, dass Gott durch den Heiligen Geist mit uns ist, ja sogar in uns ist und in unserem Leben wirkt, um uns von Gottes Liebe zu überzeugen und uns die Kraft zu geben, für Ihn zu leben.

Durch Glauben und nicht durch Werke
Wir sind alle gewohnt, für das, was wir bekommen, zu arbeiten, und meistens wollen wir das auch so. Niemand steht gerne in der Schuld eines anderen. Bei Gott hingegen stehen wir bis zu unserem Hals in Schulden, und dies wird immer so bleiben. Auf eines müssen wir sehr gut achtgeben: Weil es unserem menschlichen Wesen entspricht, nicht von der Hilfe anderer abhängig zu sein, stehen wir in Gefahr, Gottes Wohlgefallen verdienen zu wollen. Die Bibel macht es ganz deutlich, dass dies absolut unmöglich ist. Gottes Liebe und Vergebung (Gnade) ist ein Geschenk, das nur durch Glauben empfangen werden kann, indem wir Jesus Christus vertrauen, und nicht durch das Tun einer bestimmten Anzahl guter Werke. Das bedeutet natürlich nicht, dass wir nicht darauf schauen sollen, ein geheiligtes Leben vor Gott zu führen, aber es zeigt klar auf, dass wir weder Gottes Liebe noch Sein Wohlgefallen verdienen können, weder jetzt, noch irgendwann in der Zukunft.

1. Wie würdest du nach den bis jetzt durchgenommenden Lektionen die unterstrichenen Begriffe aus Epheser 2,8-9 erklären? *„Denn aus Gnade seid ihr selig geworden durch Glauben, und das nicht aus euch: Gottes Gabe ist es, nicht aus Werken, damit sich nicht jemand rühme."*

Gnade: ____

____

Glaube: ____

____

2. Wie ist es möglich, dass der Heilige Geist in uns bleibt, obwohl wir in unserem täglichen Leben immer wieder Fehler machen?

____

____

5. Tag: „Für Gott leben“

Wochenvers zum Auswendiglernen: Römer 3,23-24; Römer 6,23
Lies bitte: Matthäus 22,34-40

In der letzten Lektion haben wir gesehen, dass wir Gottes Wohlgefallen nicht durch gute Werke verdienen können, jedoch auch nicht unüberlegt leben sollen. Es ist wichtig, wie wir leben, und dies macht einen grossen Teil unseres Christseins aus.

Für Gott leben
Im 1. Korinther 6,19b-20 sagt Paulus den Korinthern, dass sie Gott mit ihren Leibern ehren sollen, weil Jesus mit Seinem Leib und Blut am Kreuz für ihre Erlösung bezahlt hat. Daraufhin hätten sie sich eigentlich als Seine Diener sehen und Ihm gehorsam sein sollen. *„Ihr gehört euch nicht selbst, denn ihr seid teuer erkauft; darum preist Gott mit eurem Leibe.“*

Weil Christus uns von der Strafe der Sünde befreit hat, gehören wir rechtmässig Ihm. Wir gehören Gott und haben kein Recht mehr, mit unseren Gedanken und unseren Körpern zu tun, was uns gefällt. Mit unseren Körpern leben wir unser Alltagsleben, und was wir mit ihnen tun, spiegelt unser ganzes Sein wider. Gott gab uns unsere Körper, um Ihn damit zu ehren, und wir müssen darauf achten, dass wir dies auch tun.

In Römer 12,1 ermutigte der Apostel Paulus die Christen in Rom, für Gott zu leben und sagte ihnen auch wie: *„Ich ermahne euch nun, liebe Brüder, durch die Barmherzigkeit Gottes, dass ihr eure Leiber hingebt als ein Opfer, das lebendig, heilig und Gott wohlgefällig ist. Das sei euer vernünftiger Gottesdienst.“*

Der Heilige Geist ist in uns am Wirken
Für Gott zu leben ist nicht etwas, das wir aus uns selbst tun können. Es ist das Werk Gottes durch den Heiligen Geist in unserem Leben. Wie Philipper 2,13 sagt: *„Denn Gott ist's, der in euch wirkt beides, das Wollen und das Vollbringen, nach seinem Wohlgefallen.“* Auf Sein Werk in uns müssen wir uns einstellen.

Der Heilige Geist ist in uns am Wirken, um folgende Dinge hervorzubringen:
Galater 5,22-23: *„Die Frucht aber des Geistes ist Liebe, Freude, Friede, Geduld, Freundlichkeit, Güte, Treue, Sanftmut, Keuschheit.“* Da Gott in uns wirkt, um uns die Kraft und den Wunsch zu geben, in diesen eben erwähnten Dingen zu wachsen, sagt Paulus, dass wir willig mit ihm zusammenarbeiten sollten.

Galater 5,25: *„Weil wir jetzt durch den Geist leben, lasst uns auch mit Ihm Schritt halten.“*[4]

Leben mit einem Ziel
Die Bibel vergleicht unser Leben mit dem eines Athleten, der an einem Wettlauf teilnimmt. Wenn wir diesen Wettlauf gewinnen wollen, müssen wir bestimmte Dinge tun. Eines davon ist, nie das Ziel aus den Augen zu verlieren. Ein Athlet, der sich auf einen Wettbewerb vorbereitet, muss hart trainieren, Prioritäten setzen in seinem Tagesablauf und Anstrengungen auf sich nehmen, um seine Leistungen zu steigern. Auch wir sind in einem Wettlauf, der uns auf allen Gebieten unseres Lebens dasselbe abverlangt. Wir müssen in Schwierigkeiten standhaft werden, müssen Schwerpunkte setzen, die nicht immer leicht einzuhalten sind, und wir müssen willig sein, uns selbst zu verleugnen. Genau so, wie ein Athlet sich auf eine Olympiade vorbereitet und sich auf das Erreichen des Sieges konzentriert, müssen auch wir uns auf das Ziel ausrichten, ewig mit Gott in Gemeinschaft zu leben. Davon sprach Paulus in Philipper 3,14, als er der Gemeinde in Philippi über sein eigenes Lebensziel schrieb: *„(Ich) jage nach dem vorgesteckten Ziel, dem Siegespreis der himmlischen Berufung Gottes in Christus Jesus.“*

[4] Übersetzt aus der NIV-Bibel

Am Ende seines Leben schrieb Paulus an Timotheus: *„Ich habe den guten Kampf gekämpft, ich habe den Lauf vollendet, ich habe Glauben gehalten; hinfort liegt für mich bereit die Krone der Gerechtigkeit, die mir der Herr, der gerechte Richter, an jenem Tag geben wird, nicht aber mir allein, sondern auch allen, die seine Erscheinung liebhaben"* (2. Timotheus 4,7-8). Paulus lebte mit dem Ziel vor Augen, eines Tages mit Seinem Herrn Jesus Christus in alle Ewigkeit zu leben. Wenn wir diesen Wettlauf des Lebens treu weiterführen wollen, müssen wir dasselbe tun.

✍ **Warum hat Gott das Recht, von uns zu erwarten, dass wir für Ihn leben?**

____

____

Wie würdest du das Ziel beschreiben, für das wir Christen leben sollen?

____

____

Welche Veränderungen in deinem Leben hast du bemerkt, seit du Christ worden bist?

____

____

1. Tag: „Die Bibel kennenlernen“

Wochenvers zum Auswendiglernen: 2. Timotheus 3,16-17
Lies bitte: Psalm 119,89-96

Unser reformatorisches Erbe
Vor etwa 500 Jahren nahmen Martin Luther, John Calvin, Huldrich Zwingli und andere Männer und Frauen, die wir heute die protestantischen Reformatoren nennen, den Kampf gegen die Missbräuche und Irrtümer der katholischen Kirche auf. Eines ihrer gemeinsamen Mottos war: *„sola scriptura“*, d.h. *„allein das Wort“!* Sie waren nicht länger gewillt, die Befehle des Papstes und der Kirchenräte als höchste Autorität zu akzeptieren, sondern entschieden, zur Autorität der Heiligen Schrift zurückzukehren. Martin Luthers berühmte Verteidigungsrede in Worms am 19. April 1521 gibt uns einen Einblick, wie die Reformatoren die Bibel einschätzten und welche Bedeutung sie der Heiligen Schrift im Blick auf die Reformation zumassen. Er sagte: *„Wenn ich nicht mit Zeugnissen der Schrift oder mit Vernunftsgründen besiegt werde, so bleibe ich von den Schriftstellen besiegt, die ich angeführt habe, und mein Gewissen bleibt gefangen in Gottes Wort. Denn ich glaube weder dem Papst noch den Konzilien allein, weil offenkundig ist, dass sie öfters geirrt und sich selbst widersprochen haben. Widerrufen kann und will ich nichts, weil es weder sicher noch geraten ist, etwas gegen sein Gewissen zu tun. Gott helfe mir! Amen.“*[5]

Die Reformation und der Mut der Reformatoren wären undenkbar gewesen ohne ihre feste Überzeugung, dass die Bibel wirklich Gottes zuverlässiges Wort an die Menschen ist. Für uns heute ist es vielleicht ganz selbstverständlich, die Bibel zu lesen, ohne ihre Autorität in unserem Leben in Frage zu stellen. Doch dies war nicht immer so. Nur durch die Rückkehr der Reformatoren zu der Autorität der Heiligen Schrift war es möglich, den Angriffen der etablierten Kirche Widerstand zu leisten und zum wahren Glauben an Jesus Christus zurückzukommen. Während wir uns heute innerhalb einer relativ geordneten und erfolgreichen Gesellschaft der sehr nützlichen Ergebnisse der Reformation erfreuen, gehen die Angriffe auf die Bibel als Gottes fehlerloses Wort an die Menschen weiter. Viele ziehen es vor, menschlichen Philosophien zu vertrauen. Doch die Bibel hat 3500 Jahre der Feindschaft und Angriffe überlebt, und so wird es auch weiterhin sein, denn Jesus hat gesagt: *„Himmel und Erde werden vergehen; aber meine Worte werden nicht vergehen“* (Matthäus 24,35).

Die Bibel kann Menschenleben wirklich verändern. Mehr als einmal hat sie sogar den Verlauf der Geschichte der Menschheit verändert. Es ist gut, wenn wir uns an diejenigen erinnern, denen wir so viel zu verdanken haben, und die unter grossen Risiken ihres Lebens Gottes Wort über alles andere gesetzt haben. Lasst uns sie nachahmen!

Die Bibel ist Gottes Wort
Die Bibel ist Gottes Wort an den Menschen. Sie spricht alle Altersgruppen an. Sie ist mehr als eine Sammlung interessanter alter Manuskripte. Sie ist Gottes ewige Wahrheit, die er dem Menschen durch das geschriebene Wort offenbart hat.

In unserem Vers zum Auswendiglernen lesen wir folgendes: *„Denn alle Schrift, von Gott eingegeben, ist nütze zur Lehre, zur Zurechtweisung, zur Besserung, zur Erziehung in der Gerechtigkeit, dass der Mensch Gottes vollkommen sei, zu allem guten Werk geschickt“* (2. Timotheus 3,16-17).
Wenn wir sagen, dass die Bibel *„von Gott eingegeben“* oder „inspiriert“ ist, meinen wir damit nicht, dass Gott Wort für Wort diktiert hat, was die einzelnen zu sagen oder zu schreiben hatten. Wir sagen aber deutlich, dass Gott dafür gesorgt hat, dass die Autoren einzig und allein das sagten und schrieben, was Gott an die Menschen weitergeben wollte und nicht, was sie sich ausgedacht hatten. Die Bibel enthält auch nicht einfach Worte von Gott, wie manche denken. Die Bibel ist Gottes Wort. Weil sie Gottes Wort ist, ist sie mehr

[5] Zitat von Dr. H. Hubschmid, 1960, aus „Weltgeschichte“, Die Neuzeit

als ein Katalog guter Ratschläge fürs Leben. Die Bibel ist die Offenbarung unseres Schöpfergottes. Sie trägt den Stempel göttlicher Autorität und es wird von uns erwartet, dass wir ihr gehorchen.

Die Bibel hat eine menschliche Dimension

Die Bibel hat insofern eine menschliche Dimension, als Gott die Menschen der alten Zeit inspirierte, genau das zu schreiben, was er wollte. Dabei liess er aber die Persönlichkeiten, den Wortschatz und die Gaben der einzelnen Schreiber durchschimmern.

Zum Beispiel war die Muttersprache des Apostels Johannes aramäisch und nicht das einfache Griechisch, in dem das Neue Testament geschrieben wurde. Lukas dagegen war im klassischen Griechisch ausgebildet. Sein Evangelium und auch die Apostelgeschichte weisen einen viel grösseren Wortschatz auf und zeigen seine grosse Gewandtheit, sich der griechischen Sprache zu bedienen. Das Griechisch des Johannes hingegen ist viel einfacher als das des Lukas, wofür jeder Anfänger, der das Neue Testament in Griechisch studiert, sehr dankbar ist. Obwohl die Sprache des Johannes eher einfach ist, vermittelt sein Evangelium einige der tiefgründigsten Gedanken des Neuen Testamentes! So gebrauchte Gott jeden Autor, um Sein Wort aufzuschreiben, gestand ihm aber zu, seine Persönlichkeit und Gaben einfliessen zu lassen.

Die Bibel ist ein ganz besonderes Buch

Die Bibel ist Gottes Wort für den Menschen und somit Gottes Wort für jeden von uns persönlich. Aber es gibt einige Hindernisse, die wir im Auge behalten müssen:

„... Zwei Dinge sollten in dieser Beziehung beachtet werden:
1. Da Gott zu Menschen unter den verschiedensten Umständen während einer Zeitspanne von ungefähr 1500 Jahren sprach, wurde Sein Wort auch im Wortschatz und in den Gedankengängen der einzelnen Personen ausgedrückt, beeinflusst von der Kultur und den Umständen ihrer Zeit. Das heisst, Gottes Wort an uns war zunächst Sein Wort an sie...
2. Einer der wichtigsten Aspekte der Bibel ist, dass Gott beinahe jede uns zur Verfügung stehende Form der Kommunikation benutzte, um Sein Wort Menschen in allen Lebenslagen vermitteln zu können. So gebrauchte er Erzählungen, geschichtliche Texte, Stammbäume, Chroniken, Gesetze, Poesie jeglicher Art, Sprichwörter, prophetische Aussagen, Rätsel, Dramen, Biographien, Gleichnisse, Briefe, Predigten und Offenbarungen...“[6]

Die Bibel ist in der Tat ein ganz besonderes Buch. Sie enthält über sechzig Schriften und wurde von mehr als vierzig Autoren verfasst. Sie spricht zu den verschiedensten Menschen in den verschiedensten Situationen aus den verschiedensten Gründen. Alle diese Schriften formen eine Einheit und zeichnen das Bild der Erlösungsabsicht Gottes für den Menschen. Die Bibel ist ein sehr altes und ziemlich umfangreiches Buch, das eine enorme Vielfalt von Informationen enthält. Wir sollten uns immer bewusst sein, welch ein Buch die Bibel ist. Dies wird uns helfen, die Bibel mit grösserem Verständnis zu lesen. Es kann uns auch davor bewahren, in die Bibel das hineinzulesen, was wir denken oder möchten, das sie sagt.

Wir sind hier nicht in einem Bibelschulkurs, und deshalb wird es nicht möglich sein, alles zu behandeln, was für ein vertieftes Bibelstudium nötig wäre. Aber wir werden einige wesentliche und grundlegende Schritte lernen, damit wir die Bibel so lesen können, wie Gott es haben möchte.

✍ **Welche zwei Aspekte hast du in dieser Lektion als wesentlich erkannt, die die Bibel zu einem besonderen Buch machen?**

1. ______________________________

2. ______________________________

Warum ist es so wichtig, dass wir beim Bibellesen diese Dinge im Auge behalten?

____

[6] Gordon D. Fee und Douglas Stuart, *How to Read the Bible for all its Worth* (Grand Rapids, Mich.: Zondervan, 1982), S. 20

2. Tag: „Nach den Regeln spielen“

☞ **Wochenvers zum Auswendiglernen: 2. Timotheus 3,16-17**
Lies bitte: Matthäus 4,1-11

Jedes Spiel hat seine Regeln
Wir erinnern uns bestimmt an die Auseinandersetzungen, die wir als Kinder hatten, wenn wir zusammen spielten, und einer sich nicht an die Spielregeln hielt (meistens dann, wenn er dabei war, zu verlieren!). Könnt ihr euch das Chaos vorstellen, das entstehen würde, wenn ein amerikanisches Footballteam versuchen würde, gegen ein Eishockeyteam zu spielen? Das würde bestimmt nicht gut gehen!

Beim Lesen jedes Buches müssen bestimmte Regeln beachtet werden, wenn wir verstehen wollen, was der Autor versucht, uns mitzuteilen. Der Verfasser einer wissenschaftlichen Zeitschrift würde höchst enttäuscht sein, wenn du seinen Artikel beurteilen würdest in der Annahme, er hätte versucht, ein Werk der Poesie zu schreiben. Bestimmt würdest du ihm eine sehr schlechte Note geben.

Die Bibel stellt uns vor eine besondere Herausforderung. Sie wurde von vielen Autoren geschrieben und in den verschiedensten literarischen Formen zu Papier gebracht. Wie wir schon in der vorherigen Lektion sahen, gibt es im Blick auf die Bibel die verschiedensten Aspekte, die wir beachten müssen. Das macht das Lesen, das Verstehen und das Auslegen der Bibel zu einer wirklichen Herausforderung.

Wir alle sind Ausleger der Bibel
Ob wir uns darüber im klaren sind oder nicht, sind wir beständig dabei zu entscheiden, was die Bibel für die bedeutete, die sie zuerst lasen und hörten, und was sie für uns heute bedeutet. Ein Beispiel: Als Paulus Timotheus darum bat, ihm seinen Mantel und die Buchrolle und Pergamente mitzubringen, die er in Troas zurückgelassen hatte (2. Timotheus 4,13), verstehen wir von selbst, dass dies eine bestimmte Anweisung war, die Timotheus galt, und nicht, dass wir uns um die Dinge des Paulus kümmern sollten. Selbstverständlich können und sollen wir auch von solch einem Text lernen, aber wir sind uns bewusst, dass diese Instruktion Teil eines persönlichen Briefes an Timotheus war.

Dies ist ein sehr einsichtiges Beispiel, aber es gibt viele Teile der Bibel, die nicht so einfach zu verstehen und auszulegen sind. Es ist wichtig, dass wir uns über die Schwierigkeiten im klaren sind. Wir mögen nicht alle Antworten haben, aber etwas Vorsicht kann uns hier sehr weiterhelfen.

Weil die Bibel nicht nur das Wort Gottes für die ist, die es zuerst hörten, sondern auch Gottes Wort für uns, müssen wir es verstehen und für uns heute interpretieren. Während wir das Wort Gottes lesen oder hören, sind wir schon dabei, es auszulegen - und das ist gut. Wir sind ja nicht nur an einer intellektuellen Übung interessiert, sondern wir wollen Gott erlauben, zu uns durch Sein Wort zu reden und es uns durch den Heiligen Geist aufschliessen zu lassen.

Wir wollen nun zwei Grundregeln anschauen, die für das Bibellesen und das Bibelverständnis wichtig sind.

Zwei Grundregeln für das Bibellesen:

1. Die Bibel muss immer als ein Ganzes gesehen werden. Die Schrift legt sich durch die Schrift aus.
Die Bibel ist nicht nur eine zufällige Sammlung alter Schriften. Sie ist eine Reihe von Schriften, die durch Gott selbst inspiriert und unter Seiner Führung gesammelt wurden und die die Bibel, so wie wir sie heute kennen, ausmachen. Jeder Teil der Bibel muss als ein Teil des Ganzen und im Kontext des Ganzen gesehen werden.

Wir alle haben schon erlebt, dass Leute unsere Worte verdreht haben und sie dann etwas aussagten, das wir überhaupt nicht gemeint hatten. Wir empfanden dann, dass unsere Worte aus dem Zusammenhang herausgerissen wurden. Genauso wie wir nur dann richtig verstanden werden können, wenn unsere Worte im Kontext wiedergegeben werden, so muss auch Gottes Wort, die Bibel, im Kontext bleiben, wenn wir sie richtig verstehen wollen.

Die Bibel als Ganzes sehen bedeutet, dass wir folgende Punkte beachten sollen:

a) Die Bibel widerspricht sich nicht

Die Bibel ist Gottes unfehlbare, fehlerlose Offenbarung an uns Menschen. Es mag wohl Abschnitte in der Bibel geben, die wir nicht verstehen oder von denen es so scheint, als ob sie sich widersprechen, aber wir haben nicht das Recht, unseren menschlichen Intellekt über Gottes Wort zu stellen, sondern das Wort Gottes muss über unseren Intellekt gestellt werden. Es ist sehr wichtig, dass wir die Sache in dieser Reihenfolge sehen! Viele der sogenannten Widersprüche und historischen Ungenauigkeiten der Bibel können auf falsche philosophische Annahmen zurückgeführt werden.

b) Ein Text allein zeichnet nicht notwendigerweise das ganze Bild

Zum Beispiel geben uns alle vier Evangelien (Matthäus, Markus, Lukas und Johannes) einen Bericht über die Taufe Jesu, aber keiner ist mit dem anderen identisch. Das bedeutet nicht, dass sie sich widersprechen, sondern dass jeder Zeuge genau das bezeugt, was ihm bei diesem Ereignis besonders wichtig war. Wenn wir dann ein Puzzleteil ans andere setzen, bekommen wir einen klareren Überblick über das, was wirklich geschah. Wir wollen noch einmal unterstreichen, dass die Bibel in ihrer Ganzheit gesehen werden muss. Die Bibel erklärt die Bibel.

c) Jeder Teil der Bibel muss in seinem historischen und literarischen Umfeld gesehen werden

Wir werden das in der nächsten Lektion genauer anschauen.

2. Die Bibel soll in ihrer wörtlichen Bedeutung gelesen werden, so wie der Autor es ursprünglich beabsichtigte

Wir stimmen der Tatsache zu, dass Worte im Umfeld des Satzes, in dem sie erscheinen, eine bestimmte Bedeutung haben. Ebenso haben Sätze im Umfeld der Paragraphen, in denen sie stehen, eine bestimmte Bedeutung. Wenn der literarische Stil oder eine offensichtliche Absicht des Autors es nicht verlangen, sollten wir nicht versuchen, „die tiefere Bedeutung" des Bibeltextes herauszufinden oder ihn mit Allegorien und Symbolen zu füllen, die von der ursprünglich geplanten Bedeutung des Autors abweichen.

„Ein Text kann nicht etwas bedeuten, was er niemals bedeutete. Oder, um es positiv auszudrücken, die wahre Bedeutung eines Bibeltextes für uns ist das, was er nach Gottes Absicht aussagen sollte, als er zum ersten Mal formuliert wurde."[7]

Welche Regeln des Bibellesens missachtete Satan, als er Jesus in Matthäus 4,1-11 versuchte?

1.______________________________

2.______________________________

[7] G.D. Fee, D. Stuart, *Effektives Bibelstudium*, ICI: Asslar BRD, 1990, S. 30

3. Tag: „Die Dinge im Kontext sehen“

> ☞ **Wochenvers zum Auswendiglernen: 2. Timotheus 3,16-17**
> **Lies bitte: Apostelgeschichte 17,11**

Die Bibel ist wie ein Puzzle
Wir haben alle schon irgendwann einmal versucht, ein Puzzle aus vielen kleinen Teilen zusammenzusetzen. Ich bin überzeugt, dass du diese vielen kleinen Teile angeschaut und dich gefragt hast, wo und wie sie denn nun in das ganze Bild passen sollen. Einzeln bedeuten sie nicht viel. Man sieht vielleicht hier ein bisschen grau und dort einen Hauch braun in einer Ecke - und was heisst das schon? Aber in dem Moment, wo du seinen Platz im Bild findest, ist es plötzlich ein wichtiger Teil des Ganzen. Andererseits ist es eine echte Enttäuschung, wenn wir am Ende merken, dass ein kleines Stückchen fehlt, um das Bild vollständig zu machen. Jedes Teil ist wichtig, wenn es in der richtigen Beziehung zu den anderen steht. Wie wir schon in der letzten Lektion sahen, kann die Bibel mit einem grossen Puzzle verglichen werden, bei dem alle Teile genau zusammenpassen. Unsere Aufgabe als Leser und Hörer des Wortes Gottes ist die, sorgfältig sicherzustellen, dass all die vielen „Stücke“ der Bibel auch im Zusammenhang gesehen werden.

FRAGEN IM BLICK AUF KONTEXT UND INHALT[8]

Der historische Kontext
Die Bibel wurde nicht im 20. Jahrhundert geschrieben. Wie wir schon zuvor betonten, ist die Bibel ein sehr altes Buch und in Sprachen geschrieben, die den meisten von uns nicht bekannt sind. Auch ist sie an Leute mit ganz unterschiedlichen Wertsystemen und Kulturen gerichtet. Wenn wir den biblischen Text lesen, müssen wir diese historischen und kulturellen Faktoren im Auge behalten.

Wenn wir z.B. verstehen wollen, was Jesus eigentlich sagen wollte, als er das „Gleichnis von den zehn Jungfrauen“ in Matthäus 25 erzählte, ist es unbedingt nötig, dass wir einiges über die Hochzeitszeremonien zur Zeit Jesu wissen. Uns erscheint es befremdend, sich zehn Jungfrauen mit Öllampen vorzustellen, die mitten in der Nacht auf den Bräutigam warten. Doch für diejenigen, die als erste diese Geschichte aus dem Mund Jesu hörten, war es überhaupt nicht merkwürdig, sondern ein Teil ihrer Kultur.

Bevor wir die Frage stellen können: „Was bedeutet dieses Gleichnis für mich?“ müssen wir zuerst herausfinden, was es für die Menschen jener Zeit bedeutete.

Einige dieser historischen Kontextfragen, die wir uns beim Lesen der Bibel stellen müssen, sind:
- Wer schrieb diesen Teil der Bibel?
- Wann wurde er geschrieben?
- An wen war er gerichtet?
- Was war die Absicht dieser Schrift?
- Welche besonderen historischen Ereignisse geschahen vor, während und nach der Zeit, als dieses Buch geschrieben wurde?

Jetzt ist der Punkt gekommen, wo wir mit Hilfe von biblischen Wörterbüchern, Bibellexikons und Einführungsbüchern in die Bibel versuchen, Antworten auf diese Art von Fragen zu bekommen.

Der literarische Kontext
Das nächste, was wir tun müssen, ist, den literarischen Zusammenhang anzusehen. Damit meinen wir, dass jedes Wort, jeder Satz, jeder Paragraph mit dem verknüpft ist, was vorher kommt oder danach folgt. Dieser „Kontext“, der die Gesamtheit der Bibel umfasst, gibt jedem Wort, Satz und Paragraphen seine Bedeutung.

[8] aus: G.D. Fee, D. Stuart, *Effektives Bibelstudium,* ICI: Asslar BRD, 1990, S. 26–31

Bevor wir weitergehen, müssen wir lernen, auf die wichtigste Frage zu antworten, die wir uns stellen können, wenn wir die Bibel oder - nebenbei gesagt - auch irgend ein anderes Buch lesen. Diese Frage heisst: *„Worum geht es hier"?*[9]

Was versucht der Autor hier zu unterstreichen, und warum sagt er es genau an dieser Stelle?

Wichtig ist, dass wir lernen, sorgfältig zu lesen. Um die obige Frage zu beantworten, müssen wir darauf achten, in Paragraphen zu lesen und nicht in Versen. Es würde helfen, eine Bibel zu besitzen, in der man die einzelnen Paragraphen leicht erkennen kann, wie z. B. in der Gute Nachricht-Bibel. Die Verseinteilung ist ja nicht inspiriert, sondern im 16. Jahrhundert als Übersichtshilfe hinzugefügt worden. Also noch einmal: Die Frage, die wir uns stellen müssen, ist: „Was will uns dieser Paragraph sagen, was ist die Hauptaussage?"

Fragen zum Inhalt

Wenn wir über den Inhalt sprechen, dann sprechen wir über die Bedeutung von Worten, Grammatik von Sätzen und speziellen Dingen wie religiöse Praktiken, Geldsysteme, Steuergesetze, Hochzeitsbräuche usw. Weil die Bibel ein solch weites Spektrum an historischen Hintergründen besitzt, werden wir oft daran arbeiten müssen, die Bedeutung vieler dieser Dinge herauszufinden. Wir möchten nochmals unterstreichen, dass ein gutes Bibelwörterbuch oder ein -Lexikon eine grosse Hilfe ist, wertvolle Informationen für das Verständnis des Bibeltextes zu finden.

✍ **Lies bitte Johannes 14,5-7. Notiere die Kontext- und Inhaltsfragen, die dir in diesem Text wichtig erscheinen:**

____

____

____

Freiwillige Übung:

Lies bitte Kolosser 3,1-4

1. Was würdest du als die Hauptaussage dieses Paragraphen betrachten? (In einem Satz)

____

____

2. Was hat dieser Paragraph mit den vorhergehenden und nachfolgenden Versen zu tun?

____

____

____

____

[9] aus: G.D. Fee, D. Stuart, *Effektives Bibelstudium,* ICI: Asslar BRD, 1990, S. 26

4. Tag: „Die Bibel in unserem Leben umsetzen“

Wochenvers zum Auswendiglernen: 2. Timotheus 3,16-17
Lies bitte: Psalm 119,57-64

Nachdem wir gesehen haben, wie wichtig es ist zu verstehen, was der Bibeltext für diejenigen bedeutete, die ihn zuerst empfingen, können wir uns nun fragen, was er für uns heute bedeutet. Auch hier gibt es eine Reihe von wichtigen Regeln, die wir beachten müssen.

Unsere Frage heisst jetzt: „Was sagt uns dieser Text heute?“

Unsere Grundregel: *„Ein Text kann auch heute nicht bedeuten, was er noch nie bedeutet hat.“*[10]

Wir können sagen, dass es ungefähr drei verschiedene Möglichkeiten der Auslegung und Anwendung eines Bibeltextes in unserer heutigen Situation gibt.

1. Manchmal spricht die Bibel über Dinge, die mit denen identisch sind, die wir aus unserem Leben kennen.
Ein Beispiel: Wenn Paulus in Epheser 4,32 schreibt: *"Seid aber untereinander freundlich und herzlich und vergebt einer dem andern, wie auch Gott euch vergeben hat in Christus",* dann ist es klar, dass dies direkt in unsere heutige Situation hineinpasst. Auch wir werden verletzt, kämpfen gegen Bitterkeit und müssen dazu ermutigt werden, uns an Gottes Liebe und Seine Vergebung zu erinnern, damit wir auch anderen vergeben können. Unsere Situation ist völlig identisch mit der der ersten Christen, deshalb können wir diesen Bibelvers direkt in unsere heutige Situation hinein anwenden.

2. Manchmal spricht die Bibel von Dingen, die in mancher Beziehung mit unserer heutigen Situation vergleichbar sind, aber nicht in jeder. Wenn dies der Fall ist, müssen wir zwischen beiden unterscheiden und trotzdem nach den biblischen Prinzipien Ausschau halten.
Dies kann manchmal etwas schwieriger sein, weil die Bibel Dinge berichtet, die nicht unbedingt mit unserer augenblicklichen Erfahrung vergleichbar und somit nicht direkt anwendbar sind. Zum Beispiel, als Jesus vom reichen Jüngling gefragt wurde, was er tun müsse, um ewiges Leben zu bekommen, und Er ihm antwortete: *„Verkaufe alles, was du hast, und gib's den Armen, so wirst du einen Schatz im Himmel haben, und komm und folge mir nach!“* (Lukas 18,18-25). Hierin sind einige Dinge, die nicht vergleichbar mit unserer heutigen Situation sind: Erstens gibt Jesus hier an einen Mann eine persönliche Instruktion weiter, die offensichtlich ein ganz bestimmtes Problem in dessen Leben betraf. Zweitens sind wir vielleicht nicht reich. Drittens kennen wir vielleicht die Gesetze Moses nicht so gut wie dieser Mann. Da mögen noch weitere Dinge sein, die anders sind. Aber doch gibt es Dinge, die man gut mit unserer heutigen Situation vergleichen kann, und die wir in unserem Leben anwenden müssen. Zum Beispiel fechten wir im Hinblick auf materielle Besitztümer genau denselben Kampf aus wie dieser junge Mann. Auch uns soll es ein Anliegen sein, wie wir ewiges Leben bekommen. Auch wir werden versucht, Jesus und Seinem Ruf, Ihm nachzufolgen, den Rücken zu kehren.

3. Manchmal gibt die Bibel nur grundlegende Prinzipien an, die heute genauso anwendbar sind wie damals.
Es kann sein, dass in einem solchen Fall nichts direkt vergleichbar ist mit unserer heutigen Situation. Und doch gibt es biblische Prinzipien in der Schrift, die in unserem Leben anwendbar sind. Zum Beispiel schreibt Paulus einen Brief an Philemon, seinen Freund. Philemon hatte einen Sklaven, der ihm weggelaufen war und Unterschlupf bei Paulus gesucht hatte. Dieser Sklave Onesimus war inzwischen Christ geworden, und nun

[10] Ebd., S. 30

sandte Paulus ihn an Philemon, seinen Herrn, zurück, zusammen mit dem Begleitbrief, den wir vor uns haben.

Vielleicht hast du dich auch gewundert, warum dieser Brief den Weg ins Neue Testament fand, doch enthält er einige sehr wichtige biblische Prinzipien für unser Leben.

Bestimmte Dinge, die mit unserer heutigen Situation nicht vergleichbar sind:
- Sklaverei existiert nicht mehr in unserer Gesellschaft.
- Wir haben keine eigenen Sklaven.
- Wir werden nie darum gebeten werden, einen Sklaven zu seinem Herrn zurückzusenden.
- Philcmon ist nicht unser persönlicher Freund.

Biblische Prinzipien, die in unserer Situation und unserem heutigen Leben anwendbar sind:
- Wir sollen Gottes Gebote befolgen und Ihm für unsere Zukunft vertrauen.
- Wir sollen einander vergeben.
- Wir sollen einander mit Liebe und gegenseitiger Achtung behandeln, unabhängig davon, wo wir gesellschaftlich stehen.
- Wir müssen uns immer wieder an die Gnade erinnern, die Gott uns erwiesen hat.

Dies sind nur einige der biblischen Prinzipien, die in dem kurzen Brief des Philemon gelehrt werden. Vielleicht sind es manchmal nur wenige oder überhaupt keine speziellen Dinge, die mit unserem Leben heutzutage identisch sind, doch das Wort Gottes enthält Seine ewige Wahrheit und offenbart sie uns. Die Anstrengung lohnt sich wirklich, zu lernen, was Er gesagt hat und wie Er möchte, dass es in unserem Leben zur Anwendung kommt.

1. Lies bitte Matthäus 9,9-13, und schreibe etwas daraus auf, das
a) mit unserer heutigen Situation vergleichbar ist:

____

____

b) mit unserer heutigen Situation nicht vergleichbar ist:

____

____

____

2. Welches biblische Prinzip können wir von deiner Antwort unter b) lernen?

____

____

5. Tag: „Die Bibel und unser persönliches Leben mit Gott“

☞ **Wochenvers zum Auswendiglernen: 2. Timotheus 3,16-17**
Lies bitte: Jakobus 1,22-27

Der Heilige Geist und das Wort Gottes
Als Christen sind wir eine persönliche Beziehung mit Gott eingegangen. Durch die Bibel, Gottes Wort, spricht Gott beständig zu uns durch das Wirken des Heiligen Geistes. Die Bibel - obwohl wir sie mit unserem menschlichen Intellekt lesen und verstehen können - ist nicht nur eine kleine Bibliothek, in der Informationen aufbewahrt werden, sondern sie ist Gottes lebendiges Wort, das der Heilige Geist nimmt und in uns auf eine ganz persönliche Weise lebendig macht. Das bedeutet nun nicht, dass wir alle Regeln und Richtlinien, die wir in dieser Woche gelernt haben, über Bord werfen, sondern vielmehr, je besser wir verstehen, was Gottes Wort sagt, desto besser werden wir fähig sein zu hören, was der Heilige Geist uns heute sagen will.

Jesus sagte vom Heiligen Geist in Johannes 14,26: *„Aber der Tröster, der heilige Geist, den mein Vater senden wird in meinem Namen, der wird euch alles lehren und euch an alles erinnern, was ich euch gesagt habe.“* Es ist der Heilige Geist, der die Bibel und die Worte Jesu gebraucht und uns täglich darüber belehrt.

Demütige Hörer des Wortes
Eine wichtige Voraussetzung, damit Gottes Wort zu uns sprechen kann, ist, dass wir darauf achten, mit einem demütigen Herzen zu hören und zu gehorchen. Jakobus 1,22 sagt: *„Seid aber Täter des Worts und nicht Hörer allein; sonst betrügt ihr euch selbst.“* Ob wir die Bibel für uns allein lesen oder das Wort Gottes in der Predigt hören, ist diese bleibende Bereitschaft, Gottes Wort umzusetzen, entscheidend für den Zustand unseres geistlichen Lebens und Wachstums.

Die Predigt und die Bibel
Eines der wichtigsten Mittel, durch das Gott zu uns sprechen möchte, ist die Predigt, die wir hören, wenn wir als Gemeinde zusammenkommen. In dieser Zeit sollen wir dem Heiligen Geist erlauben, das Wort Gottes in uns lebendig zu machen, während es gepredigt wird, so dass wir korrigiert, geführt und ermutigt werden. Gott hat Hirten und Lehrer in Seine Gemeinde gesetzt, um uns anzuleiten im Verständnis und in der Anwendung der Bibel in unserem Leben.

Paulus sagt zu Timotheus, seinem Mitarbeiter und Sohn im Glauben, im 2. Timotheus 4,2: *„Predige das Wort, steh dazu, es sei zur Zeit oder zur Unzeit; weise zurecht, drohe, ermahne mit aller Geduld und Lehre.“*

Wir sehen hier, dass der Dienst des Lehrens und Predigens sehr wichtig ist, dass er den verschiedensten Absichten Gottes dient, indem er korrigiert, ermutigt usw., und dass er deshalb auch mit grosser Genauigkeit und Geduld getan werden muss. Das Predigen des Wortes ist eine der Prioritäten, die Gott gesetzt hat, und wir müssen Ihn ehren, indem wir mit einem gehorsamen und demütigen Herzen hören.

Einige praktische Vorschläge für dein persönliches Bibellesen
Lasst uns daran denken, dass es nicht so wichtig ist, wieviel wir lesen, sondern wie wir lesen. Das wichtigste ist unsere Herzenseinstellung, nämlich die Demut und Bereitschaft, dem Heiligen Geist zu gehorchen!

Ein Leseplan:
Es gibt viele verschiende Bibellesepläne, die uns helfen, regelmässig und systematisch die ganze Bibel zu lesen. Ich ermutige dich, einen Bibelleseplan zu wählen, der deinen

Bedürfnissen entspricht. Mach es dir zur Gewohnheit, die Bibel regelmässig zu lesen und nimm dir Zeit, dass Gott persönlich durch sie zu dir reden kann. Regelmässiges Lesen macht dich mit der Bibel vertraut und gibt gleichzeitig dem Heiligen Geist Gelegenheit, zu dir zu reden.

Auswendiglernen

Psalm 119,11: *„Ich behalte dein Wort in meinem Herzen, damit ich nicht wider dich sündige."* Durch das Auswendiglernen von Schriftstellen können wir unsere Gesinnung mit Gottes ewigen Wahrheiten tränken. Römer 12,2 ermahnt uns, dass „wir uns ändern sollen durch die Erneuerung unseres Sinnes". Einer der Wege, durch den unsere Gedanken umgewandelt werden, ist die Wahrheit des Wortes Gottes. Wenn wir uns mit Gottes Wort füllen, geben wir dem Heiligen Geist Gelegenheit, es zu benutzen und zu uns darüber zu reden, so wie Er es wünscht. Bei vielen Gelegenheiten werden wir dann auf das zurückgreifen können, was wir gelernt haben, und Gott kann es gebrauchen, um uns zu dienen, und Er kann uns auch gebrauchen, um anderen zu dienen.

Besinnung

Über die Schrift nachzusinnen, ist eine weitere Möglichkeit, wie wir still werden können, um nachdenkend und betend kleinere Abschnitte der Schrift in uns aufzunehmen. In unserer hektischen, eiligen Gesellschaft tut es gut, still zu werden und zu hören, was Gott uns durch Sein Wort sagen will. Wir möchten dich nochmals ermuntern, dich an die Leitlinien zu halten, die wir diese Woche für das Lesen und Auslegen des Wortes Gottes gelernt haben. Es ist wichtig, dass wir Gottes Wort direkt zu uns sprechen lassen.

Literatur zu diesemThema:

✍ **Lies bitte Johannes 14,26 genau durch und schreibe auf, wie der Heilige Geist uns beim Lesen des Wortes Gottes hilft:**

____

____

Was sagt Römer 10,17, wird durch das Hören des Wortes Gottes in uns bewirkt?

____

____

1. Tag: „Was ist Gebet und warum ist es wichtig?“

Wochenvers zum Auswendiglernen: Matthäus 6,9-13, „Das Vaterunser“
Lies bitte: Matthäus 6,5-15

Eines Tages, nachdem Jesus alleine gebetet hatte, kam einer Seiner Jünger zu Ihm und bat Ihn um das, worum wir heute alle auch bitten sollten: *„Herr, lehre uns beten“* (Lukas 11,1). Jesu Antwort auf diese Bitte war das Gebet, das wir heute *„Das Vaterunser“* nennen. Dieses Gebet wollen wir diese Woche betrachten. Niemand hätte über Gebet besser lehren können als Jesus, denn er war Mensch wie wir und doch zur gleichen Zeit Gottes Sohn.

Ein Kennzeichen des Lebens Jesu war, dass er oft wegging, um Zeit allein im Gebet mit Seinem Vater zu verbringen. Diese wichtige Tatsache im irdischen Leben Jesu ist der Grund, warum die Jünger Ihn baten, ihnen zu zeigen, wie man betet. Was Er sie gelehrt hat, ist auch das Vorbild und die Grundlage für unser Gebet. Jesus lehrte sie folgendes Gebet:

Das Vaterunser
(Matthäus 6,9b-13)

Unser Vater im Himmel!
Dein Name werde geheiligt.
Dein Reich komme.
Dein Wille geschehe,
wie im Himmel so auf Erden.
Unser tägliches Brot gib uns heute.
Und vergib uns unsere Schuld,
wie auch wir vergeben unseren Schuldigern.
Und führe uns nicht in Versuchung,
sondern erlöse uns von dem Bösen.
Denn dein ist das Reich und die Kraft
und die Herrlichkeit in Ewigkeit. Amen.

Was ist Gebet?
Woran denkst du, wenn du das Wort „Gebet“ hörst? Auf dieser Welt gibt es viele verschiedene Religionen, und die meisten von ihnen haben irgendeine religiöse Gewohnheit, die sie „beten“ nennen. Was ist der Unterschied zwischen dem, was diese Menschen tun und dem, was die Bibel Gebet nennt? Der Unterschied zwischen biblischem Gebet und Gebet, das lediglich eine religiöse Übung ist, besteht darin, dass wir verstehen, zu *wem* wir beten. Aus diesem Grund ist das Gebet für uns so bedeutungsvoll.

Schon zu Jesu Lebzeiten gab es Menschen, die Gott eher wie ein manipulierbares Objekt behandelten als einen persönlichen Gott, der sie zur Gemeinschaft geschaffen hat. Jesus sagte zu ihnen in Matthäus 6,7: *„Und wenn ihr betet, sollt ihr nicht viel plappern wie die Heiden; denn sie meinen, sie werden erhört, wenn sie viele Worte machen.“* Jesus erinnerte diese Menschen daran, dass der, zu dem sie beteten, kein Objekt war, sondern ein liebender Vater im Himmel, der gerne mit ihnen Gemeinschaft haben wollte. Es wäre sicher beleidigend für uns, wenn uns jemand mit konstantem „Plappern“ auf die Nerven gehen würde in der Hoffnung, etwas von uns zu bekommen; wieviel mehr muss dies der Fall sein für unseren himmlischen Vater, wenn wir zu Ihm beten.

Die Bibel lehrt uns, dass Gebet als ein auf sich selbst bezogener Vorgang bedeutungslos ist, es sei denn, es wird im Glauben gesprochen und ist an Gott selbst gerichtet (Hebräer 11,6). Gott schuf den Menschen nach Seinem Bild, damit er in persönlicher Gemeinschaft mit Ihm leben konnte. Durch Jesu Versöhnungstod am Kreuz hat Er den Weg zu Gott wieder geöffnet, und nun können wir im Vertrauen vor Ihn treten. Jesus hat persönliches Gebet und Zwiesprache mit unserem himmlischen Vater wieder möglich gemacht (Römer 5,1)!

Unsere Kommunikation mit unseren Mitmenschen hat viele verschiedene Aspekte. Genauso ist es auch beim Gebet, das Kommunikation mit unserem himmlischen Vater ist. Das Gebet enthält Danksagung (sich bedanken), Lobpreis und Anbetung (Anerkennung Gottes als Herr und König in unserem Leben), Bitten (um Dinge für uns oder für andere), und Fürbitte (für andere beten).

Gebet und der Heilige Geist

In Jesaja 55,8-9 sagt die Bibel, dass Gottes Wege und Seine Gedanken viel höher sind als die unsrigen. Wie ist es dann möglich, dass wir als sterbliche und fehlerhafte menschliche Wesen mit dem allmächtigen, heiligen und gerechten Gott kommunizieren können? Es ist ausserordentlich wichtig, dass wir verstehen, dass Gebet nicht einfach ein Sichausstrecken des Menschen nach Gott ist, sondern dass Gott uns schon durch Jesus Christus entgegengekommen ist. Jetzt antwortet der Mensch einfach Seinem himmlischen Vater mit der Hilfe des Heiligen Geistes. Wir brauchen die Hilfe des Heiligen Geistes, wenn wir beten. In Römer 8,26 heisst es: *„Desgleichen hilft auch der Geist unserer Schwachheit auf. Denn wir wissen nicht, was wir beten sollen, wie sich's gebührt; sondern der Geist selbst vertritt uns mit unaussprechlichem Seufzen."*

Der Heilige Geist lässt Gottes Gegenwart in unserem Leben Wirklichkeit werden, damit wir mit ihm Zwiesprache halten können. Vielleicht wissen wir nicht genau, wie wir beten sollen, und es mag sogar Augenblicke geben, in denen wir nicht beten können, aber der Heilige Geist bittet für uns. Unser Reden mit Gott wird durch den Heiligen Geist in uns möglich gemacht. Er leitet und ermutigt uns zum Gebet. Wir müssen auf Seine Anregungen eingehen.

✍ **In Matthäus 14,22-23 lesen wir, dass Jesus wegging, um alleine zu beten. Was hatte er gerade vorher getan?**

____

____

Was denkst du, sagt uns das als Antwort auf die Frage, warum wir beten sollen?

____

____

Warum ist Gebet in unserem Leben so wichtig?

____

____

2. Tag: „Unser Vater im Himmel“

☞ **Wochenvers zum Auswendiglernen: Matthäus 6,9-13, „Das Vaterunser"**
Lies bitte: Epheser 2,14-22

„Unser Vater im Himmel“
Wenn wir anfangen, das Vaterunser zu studieren, müssen wir als erstes realisieren, dass das Gebet an *„unseren Vater im Himmel“* gerichtet ist. Kurz vor Seiner Himmelfahrt sagte Jesus in Johannes 20,17: *„Ich fahre auf zu meinem Vater und zu eurem Vater.“* Ist es nicht wunderbar, dass Gott wirklich „unser Vater“ ist? Wir wissen es jetzt durch den Heiligen Geist in uns, dass Er unser Vater ist. Gebet hat für uns jetzt eine Bedeutung, denn wir können dadurch Gemeinschaft mit ihm haben. Zwei Verse aus dem Römerbrief unterstreichen diese Tatsache sehr deutlich. Römer 8,15-16: *„Denn ihr habt nicht einen knechtischen Geist empfangen, dass ihr euch abermals fürchten müsstet; sondern ihr habt einen kindlichen Geist empfangen, durch den wir rufen: Abba, lieber Vater! Der Geist selbst gibt Zeugnis unserm Geist, dass wir Gottes Kinder sind.“*

In diesem Vers sehen wir auch, wie wichtig der Heilige Geist in unserer Beziehung zu Gott ist. Er wohnt in uns und überzeugt uns von der Tatsache, dass wir wirklich Ihm gehören. Er gibt uns Kraft, im Vertrauen *„unser Vater“* zu sagen. Ohne das Zeugnis des Heiligen Geistes können wir weder Gott als unseren himmlischen Vater kennen, noch Ihm uns vertrauensvoll im Gebet nähern. Wenn wir das Vaterunser beginnen, erkennen wir, dass wir völlig vom Heiligen Geist abhängig sind, damit er uns den himmlischen Vater persönlich enthüllt.

Weil das Vaterunser mit *„unser Vater“* beginnt, erinnert es uns daran, dass Gott die persönliche Beziehung zu uns ganz oben auf Seine Prioritätenliste setzt. Es sollte auch ganz oben auf unserer Prioritätenliste stehen. Manchmal sind wir vielleicht versucht, das Vaterunser eher mit dem Satz *„vergib uns unsere Schuld“* oder *„unser tägliches Brot gib uns heute“* oder *„führe uns nicht in Versuchung“* zu beginnen. Wir sollten jedoch nie vergessen, dass das Gebet, das Jesus Seine Jünger lehrte, mit den Worten *„Unser Vater“* beginnt. Wir sind vor dem Vater gerecht gemacht worden, und das ein für allemal (Hebräer 10,10-12). Deshalb können wir jetzt mit vollem Vertrauen immer wieder zu Ihm kommen. Welch eine wunderbare Einladung hat Gott uns damit gegeben! *„Darum lasst uns hinzutreten mit Zuversicht zu dem Thron der Gnade, damit wir Barmherzigkeit empfangen und Gnade finden zu der Zeit, wenn wir Hilfe nötig haben“* (Hebräer 4,16).

Beten im Namen Jesu
Johannes 15,16 sagt: *„Ich habe euch erwählt und bestimmt, dass ihr hingeht und Frucht bringt und eure Frucht bleibt, damit, wenn ihr den Vater bittet <u>in meinem Namen</u>, er's euch gebe.“* Wie können wir uns Gott nähern? Er ist vollkommen heilig und gerecht. Die Antwort ist Jesus Christus! Jesu Versöhnungstod am Kreuz hat es möglich gemacht, dass wir durch den Glauben die Gabe der Gerechtigkeit empfangen. So wie es Römer 5,1 sagt: *„Da wir nun gerecht gemacht worden sind durch den Glauben, haben wir Frieden mit Gott durch unseren Herrn Jesus Christus.“* Wenn wir uns Gott im Gebet nahen, kommen wir nicht in unserem eigenen Namen. Unser Vertrauen gründet sich nicht darauf, dass wir alles daran setzen, ein gutes Leben zu führen. Vielmehr ist es so: gerade weil wir unser Leben nicht so gelebt haben, wie wir es gerne möchten, kommen wir *„in Jesu Namen“*. Wir vertrauen darauf, dass Er uns von aller Sünde gereinigt hat. *„Im Namen Jesu“* beten heisst, dass wir uns auf die Tatsache verlassen, dass Jesus - und nur Er allein - uns vor Gott gerecht gemacht hat. Und weil das wahr ist, können wir uns unserem himmlischen Vater *„im Vertrauen“* und *„in der vollen Glaubensgewissheit“* nähern.

„Geheiligt werde dein Name"
Zu biblischen Zeiten hatten Namen eine grosse Bedeutung. Sie sagten oft aus, wer eine Person war oder was sie geleistet hatte. Im Vaterunser wird all das ausgedrückt, was Gott uns gegeben hat in Jesus Christus. Es sagt uns, dass wir von Sünde und Tod befreit sind und jetzt Ihm gehören. Sein Name steht für die Gemeinschaft, die Er uns ermöglicht hat. Dies sollte etwas Besonderes in unserem Leben sein und uns mehr bedeuten als alles andere. Wenn wir somit beten: *„Geheiligt werde dein Name"*, dann beten wir Gott an und erheben Ihn für das, was Er für uns getan hat. Gleichzeitig bitten wir Ihn um Seine Hilfe, dass wir Ihn als heilig und abgesondert von allem anderen sehen können.

Lobpreis und Anbetung als Teil unseres Gebetslebens
„Geheiligt werde dein Name" schliesst auch ein, dass wir unseren himmlischen Vater lobpreisen und anbeten. Wir richten unseren Blick dabei auf die Tatsache, dass Er uns durch Seinen Sohn Jesus Christus erlöst hat. Dies setzt voraus, dass wir uns Ihm unterstellen und hingeben. Im Blick auf all das, was Er für uns getan hat, sollte dies selbstverständlich sein (Römer 12,1). Es umschliesst unser ganzes Sein. Wenn wir somit begreifen, welche Bedeutung Gottes Name für uns hat, können wir mit David in Psalm 34,4 sagen: *„Preiset mit mir den Herrn und lasst uns miteinander seinen Namen erhöhen."*

Gebet ist wichtig für Gott
In Markus 11,12-19 lesen wir, wie wichtig es Gott ist, dass wir diese Gemeinschaft als heilig und als etwas Besonderes sehen. Eines Tages kam Jesus in den Tempel und sah, dass dieser als Marktplatz missbraucht wurde. Dabei sollte er ein Ort des Gebets sein! Was dann folgte, ist eine der dramatischsten Szenen im Neuen Testament. Zornig über das, was er sah, machte Jesus sich eine Peitsche und fing an, die Tische der Geldwechsler und Verkäufer umzustossen, und trieb sie dann alle aus dem Tempel hinaus! Markus 11,16-17: *„Und liess nicht zu, dass jemand etwas durch den Tempel trage. Und er lehrte und sprach zu ihnen: Steht nicht geschrieben: 'Mein Haus soll ein Bethaus heissen für alle Völker'? Ihr aber habt eine Räuberhöhle daraus gemacht."*

Genauso wie Jesus den Ort des Gebets damals reinigte, so müssen unsere Herzen heute gereinigt werden. Wir sind von einer Vielzahl von Sorgen, Befürchtungen, Wünschen und Zielsetzungen umgeben, die schnell unser Herz vereinnahmen und all unsere Aufmerkamkeit und Zuwendung auf sich ziehen können. Die Bibel sagt, dass Gott ein eifersüchtiger Gott ist. Er liebt uns und ist nicht damit einverstanden, dass unsere Herzen von solchen Dingen in Besitz genommen werden. Wenn wir beten: *"Geheiligt werde dein Name"*, so bitten wir Ihn, dass Er den besonderen und heiligen Platz in unserem Leben, der Ihm zusteht, beibehält.

✍ **Warum können wir darauf vertrauen, dass Gott uns hört, wenn wir beten?**

____

____

3. Tag: „Nach Gottes Willen beten“

☞ **Wochenvers zum Auswendiglernen: Matthäus 6,9-13, „Das Vaterunser"**

Lies bitte: 1. Johannes 5,14-15

„Dein Reich komme. Dein Wille geschehe wie im Himmel so auf Erden“
Damit Gebet sinnvoll und wirkungsvoll sein kann, müssen wir uns über unsere Beziehung zu Gott im klaren sein. In der vorhergehenden Lektion sahen wir, dass Gott *„unser Vater“* ist. Somit sind wir Seine Kinder und dürfen im Vertrauen zu Ihm kommen. Das ist ein wichtiger Aspekt, wenn wir zu Gott im Gebet kommen. Es gibt aber noch einen weiteren wichtigen Punkt, den wir beachten müssen.

Im Gehorsam zu Gott beten
Gott ist nicht nur unser Vater, zu dem wir kommen können, sondern als Vater hat Er auch die Verantwortung für unser Leben. Dieser Teil des Vaterunsers spricht von Gottes Reich und bezieht sich auf unseren himmlischen Vater als König. In diesem Sinn sind wir nicht nur Gottes Kinder, sondern auch Gottes Diener (1. Petrus 2,16). Vielleicht ist es etwas schwierig zu verstehen, was die Bibel meint, wenn sie von einem Diener spricht. In unserer heutigen demokratischen Gesellschaft ist uns dieser Ausdruck nicht so geläufig. Doch ist dies ein sehr wichtiger Teil unserer Gemeinschaft mit Gott und unseres Gebetslebens. Zu Zeiten Jesu stand ein Diener seinem Herrn immer zur Verfügung, und es wurde von ihm absoluter Gehorsam erwartet. Wenn wir beten: *„Dein Reich komme“*, dann ordnen wir uns Gott unter, um Ihm zu dienen und zu gehorchen. Gleichzeitig bitten wir Ihn um die Fähigkeit und Kraft dazu. Wir anerkennen Seine Herrschaft in unserem Leben, und dass Sein Wille in unserem täglichen Leben hier auf Erden ausgelebt werden soll.

Gott lässt sich nicht ausnutzen, indem er einfach tut, was wir wollen. Wie wir oben gesehen haben, sind wir Seine Diener und es ist Sein Reich; Sein Wille - nicht unser Wille - muss getan werden. Wenn unsere Gebete mit Seinem Willen übereinstimmen, können wir erwarten, dass sie beantwortet werden (1. Johannes 5,14). In Jakobus 4,3 wird uns gesagt, warum einige Gebete nicht beantwortet werden: *„Ihr bittet und empfangt nichts, weil ihr in übler Absicht bittet, nämlich damit ihr's für eure Gelüste vergeuden könnt.“*

„Wie im Himmel so auf Erden“
Gott hat einen ganz bestimmten Plan und eine ganz bestimmte Absicht für Sein Reich, von dem wir ein Teil sind. Es ist unser Privileg wie auch unsere Verantwortung, uns im Gebet vor Seinem Thron zu verbeugen und herauszufinden, auf welche Weise Er uns gebrauchen möchte, um Seine Pläne zu erfüllen. Darum beten wir *„im Himmel wie auf Erden“*. Gott möchte Seinen Willen und Seine Absicht in dieser Welt durch jeden einzelnen von uns ausführen lassen.

„Unser tägliches Brot gib uns heute“
Das Wort *„heute“* zeigt uns, dass wir unser ganzes Leben hindurch von Gott abhängig bleiben sollen. Es wäre natürlich schön, so viel *„Brot“* zu haben, dass es eine lange Zeit reichen würde, aber Jesus möchte, dass wir im täglichen Vertrauen zu Ihm leben.

In den Tagen Jesu war *„Brot“* das Hauptnahrungsmittel und eine absolute Lebensnotwendigkeit. Heute ist es vielleicht nicht Brot, das wir brauchen, aber wir haben eine Menge anderer Bedürfnisse, sie können finanzieller, körperlicher, gefühlsmässiger oder auch geistlicher Art sein. In Matthäus 6,25-34 lehrte Jesus, dass wir uns um unsere täglichen Bedürfnisse keine Sorgen machen sollen, weil unser himmlischer Vater sie kennt und für uns sorgen wird. So erinnert uns auch das Vaterunser daran, zu Ihm zu kommen und Ihm für unsere Versorgung zu vertrauen.

Matthäus 6,32: *„Nach dem allen trachten die Heiden. Denn euer himmlischer Vater weiss, dass ihr all dessen bedürft."*

Ausdauer und Ernsthaftigkeit im Gebet: Lukas 18,1-8
Wenn Jesus uns lehrte, täglich für unsere Bedürfnisse zu beten, dann schliessst dies ein, dass wir im Gebet Ausdauer haben sollen. Ein wichtiger Aspekt des Gebets ist, zu beten und nicht aufzugeben. Um diese Wahrheit verständlicher zu machen, erzählte Jesus die Geschichte von der Witwe, die von einem Richter ungerecht behandelt wurde. Sie war in der unglücklichen Lage, keinen Ehemann zu haben, der sie verteidigen konnte, und so musste sie selbst für ihre Rechte kämpfen. Obwohl der Richter keinerlei Absicht hatte, auf Ihre Bitten einzugehen, gab er schliesslich ihrem beharrlichen Insistieren nach, indem er sagte: *„Wenn ich mich schon vor Gott nicht fürchte noch vor keinem Menschen scheue, will ich doch dieser Witwe, weil sie mir soviel Mühe macht, Recht schaffen, damit sie nicht zuletzt komme und mir ins Gesicht schlage"* (Lukas 18,4b-5). Anschliessend bezog sich Jesus weiter auf das Beten ohne aufzugeben und sagte im Vers 7: *„Sollte Gott nicht auch Recht schaffen seinen Auserwählten, die zu ihm Tag und Nacht rufen, und sollte er's bei ihnen lange hinziehen?"*

Jesus hat unseren himmlischen Vater nicht mit diesem ungerechten Richter verglichen, sondern machte eine Gegenüberstellung. Wenn sogar dieser Richter die Bitten der Witwe schliesslich erhörte, wieviel mehr wird dies unser himmlischer Vater tun, der gerecht ist und uns liebt?

Das Tischgebet
Wir sind es vielleicht alle gewohnt, vor dem Essen am Tisch zu beten. Wenn wir das tun, dann bitten wir Gott tatsächlich um *„unser tägliches Brot"* und danken Ihm dafür. Wir erkennen, dass das Essen nicht nur durch unsere eigene Arbeit und Klugheit auf den Tisch kam, sondern durch Gott, unseren Vater, der in Liebe für uns sorgt. Wir erkennen, dass es durch Seinen Segen ist, dass es uns gut geht, dass für unsere Bedürfnisse gesorgt ist und dass wir in der Lage sind, anderen zu geben. Weil wir wissen, dass wir von Ihm abhängig sind, sagen wir Ihm vor jeder Mahlzeit Dank, und drücken so immer wieder unser Vertrauen zu Ihm aus.

✍ **Welche fünf Dinge nennt Paulus über das Gebet in Epheser 6,18?**

1.______________________________

2.______________________________

3.______________________________

4.______________________________

5.______________________________

4. Tag: „Anderen vergeben und dem Bösen widerstehen“

Wochenvers zum Auswendiglernen: Matthäus 6,9-13, „Das Vaterunser"
Lies bitte: 1. Johannes 1,7-2,2; Matthäus 18,21-35

„Und vergib uns unsere Schuld, wie auch wir vergeben unsern Schuldigern“
Dieser Teil des Vaterunsers berührt eines der zentralsten Probleme in unserem Leben. Tatsache ist, dass wir inmitten einer Welt von sündigen Menschen leben. Das hat zur Folge, dass wir verletzt und von anderen falsch behandelt werden. Aber nicht nur das - auch wir tun diese Dinge anderen Menschen an! Wie sollen wir darauf reagieren und was hat das mit unserer Beziehung zu Gott zu tun? Diese beiden Grundsatzfragen beantwortet die Bibel und es ist wichtig, dass wir sie verstehen.

Die Bibel befiehlt uns, anderen zu vergeben
Der Apostel Petrus stellte Jesus eines Tages folgende Frage: *„Herr, wie oft muss ich denn meinem Bruder, der an mir sündigt, vergeben? Genügt es siebenmal?“* (Matthäus 18,21). Petrus’ Vorschlag, siebenmal zu vergeben, war tatsächlich sehr bemerkenswert, denn zu jener Zeit meinten viele, dreimal zu vergeben sei wirklich genug. Siebenmal zu vergeben, wie Petrus es hier vorschlägt, war mehr als das Doppelte, das die meisten religiösen Lehrer in jenen Tagen lehrten! Doch Jesu Antwort muss für Petrus wirklich ein Schock gewesen sein: *„Ich sage dir: nicht siebenmal, sondern siebzigmal siebenmal“* (Matthäus 18,22). Siebzigmal siebenmal hatte die Bedeutung: *„ohne Ende“*, also unendlich viele Male zu sein. Um Seinen Punkt zu unterstreichen, erzählte Jesus dann das Gleichnis von dem „hartherzigen Schalksknecht“.

Bevor wir jetzt weitergehen, lese bitte Matthäus 18,21-35 und schreibe anhand dieses Gleichnisses auf, warum wir einander vergeben sollen.

____

____

____

Paulus schreibt in Epheser 4,32: *„Seid aber untereinander freundlich und herzlich und vergebt einer dem andern, wie auch Gott euch vergeben hat in Christus.“* Auch hier wird uns wieder beides genannt: zu vergeben und warum wir vergeben sollen. Dir ist vergeben worden. Jesus Christus ist für deine Sünden gestorben und hat dir Vergebung und Erlösung angeboten. Wenn du dir die unglaublich grosse Schuld vorstellst, von der dich Christus befreit hat, solltest du denen gegenüber ebenfalls barmherzig und vergebungsbereit sein, die dir gegenüber eine - vergleichsweise - kleine Schuld haben.

Einander vergeben ist ein äusserst wichtiger Teil des Gebets. Darin zeigt sich, ob wir wirklich wissen, wer unser himmlischer Vater ist, wie wir Seine Kinder wurden, wo wir heute stehen, und ob wir verstehen, welche Konsequenzen dies hat für unser Leben.

Bitte lese Matthäus 6,14-15, die Verse, die direkt nach dem Vaterunser kommen. Hier siehst du noch einmal, wie wichtig es ist, denen zu vergeben, die uns verletzt haben, und wie dies unsere Beziehung zu Gott beeinflusst.

Gebet und Gehorsam Gott gegenüber
Gott um Vergebung zu bitten, ist eine äusserst wichtige Sache im Leben jedes Christen. Dem 1. Johannesbrief, der im 1. Jahrhundert an Christen geschrieben wurde, entnehmen

wir in Kapitel 1, Vers 9, dass es etwas ganz Normales im Leben eines Christen sein sollte, seine Fehler und Unzulänglichkeiten Gott zu bekennen. Gott verspricht, dann treu zu sein und ihn von aller Sünde zu reinigen. Das Vaterunser, welches in der Befehlsform geschrieben ist, erinnert uns daran, die Sünde ernst zu nehmen und das zu tun, was 1. Johannes 1,9 sagt.

1. Petrus 3,12 zitiert Psalm 34,13-17, in dem gewarnt wird, dass andauernde Sünde in unserem Leben ein grosses Hindernis für das Gebet ist. Deshalb sollten wir darauf achten, wie wir leben. *„Denn die Augen des Herrn sehen auf die Gerechten, und seine Ohren hören auf ihr Gebet; das Angesicht des Herrn aber steht wider die, die Böses tun.“* 1. Petrus 4,7: *„So seid nun besonnen und nüchtern im Gebet.“*

Jakobus 5,16b drückt es positiv aus: *„Des Gerechten Gebet vermag viel, wenn es ernstlich ist.“* Wie wir leben, hat einen Einfluss auf die Wirksamkeit unserer Gebete. Wir müssen im Glauben an Jesus Christus und Sein Erlösungswerk wandeln und uns entscheiden, gehorsam zu leben.

„Und führe uns nicht in Versuchung“
In diesem Teil des Vaterunsers werden wir dazu angeleitet, Gott um Schutz und Stärke zu bitten, damit wir den auf uns zukommenden Anfechtungen und Versuchungen widerstehen können. Wir brauchen die Kraft des Heiligen Geistes in unserem Leben. Wenn wir beten *„und führe uns nicht in Versuchung“*, werden wir geführt, uns nach Gott und Seiner Stärke und der Erfüllung mit Seinem Geist auszustrecken.

Selbstverständlich ist Gott nicht derjenige, der uns in Versuchung führt oder uns veranlasst, zu fallen. Jakobus 1,13-14 sagt: *„Niemand sage, wenn er versucht wird, dass er von Gott versucht werde. Denn Gott kann nicht versucht werden zum Bösen, und er selbst versucht niemand. Sondern ein jeder, der versucht wird, wird von seinen eigenen Begierden gereizt und gelockt.“* Wenn wir beten: *„Und führe uns nicht in Versuchung“*, erkennen wir unsere menschliche Schwachheit, unsere Abhängigkeit von Gott. Wir haben noch immer eine sündige Natur und es ist wichtig, dass wir die Kraft des Heiligen Geistes haben. Nichts ist trügerischer und gefährlicher, als sich in falscher Sicherheit zu wiegen. Diese Worte erinnern uns daran, allein aus Gott unsere Stärke zu nehmen, um mit dem Heiligen Geist Schritt zu halten (Galater 5,25).

Gebet und dem Bösen widerstehen:

„Sondern erlöse uns von dem Bösen“
Die Bibel lehrt uns, dass wir ununterbrochen im geistlichen Kampf mit unseren Widersachern stehen, Satan und seinen Engeln. Satan ist am Kreuz bereits besiegt worden (Kolosser 2,14-15), aber weil sein Endgericht noch aussteht, konfrontiert er uns noch mit seinen Anschlägen (Epheser 6,11). Wir brauchen uns vor Satan nicht zu fürchten, denn Christus, der in uns durch den Heiligen Geist wohnt, hat ihn besiegt. Andererseits dürfen wir ihn auch nicht unterschätzen. Paulus sagt in Epheser 6,10, dass wir *„stark in dem Herrn und in der Macht seiner Stärke“* sein sollen, und nicht in unserer eigenen Kraft und Macht. Nur wenn wir unser Vertrauen in Jesus Christus setzen, werden wir fähig sein, festzubleiben und den Mächten der Finsternis zu widerstehen. Das Vaterunser erinnert uns daran, für Kraft und Schutz auf unseren himmlischen Vater zu schauen und nicht auf uns selbst. Es ermuntert uns, dem Befehl von Paulus in Epheser 6 zu folgen, und nicht unseren eigenen physischen, intellektuellen oder emotionalen Fähigkeiten zu vertrauen.

5. Tag: „Gebet und unsere persönliche Zeit mit Gott“

> ☞ **Wochenvers zum Auswendiglernen: Matthäus 6,9-13, „Das Vaterunser"**
> **Lies bitte: Lukas 9,18; Matthäus 14,22-23; Lukas 5,15-16**

Das Beispiel Jesu
Wir lesen in den Evangelien, dass es Jesu Gewohnheit war, sich an einen stillen Platz zurückzuziehen, um zu beten. In Markus 1,35 lesen wir: *„Und am Morgen, noch vor Tage, stand er auf und ging hinaus. Und er ging an eine einsame Stätte und betete dort.“* Jesus war ständig daran, den Menchen, die Ihn umgaben, zu dienen. Oft zog Er sich vor oder nach solchen Zeiten des intensiven Dienens zurück, um mit Seinem Vater eine Zeitlang im Gebet allein zu sein.

Wir haben schon gesehen, welche Bedeutung das Gebet in unserer Beziehung zu Gott hat. Im Leben Jesu sehen wir jetzt, wie wichtig es ist, mit Gott allein zu sein. Genauso wie Jesus umgeben war von den Bedürfnissen, Wünschen und Stimmen Seiner Mitmenschen, so sind auch wir täglich einer Flut verschiedenster Geräusche ausgesetzt. Sie sind vielleicht Teil unserer täglichen Verpflichtungen, und deshalb sollen wir nicht vor ihnen weglaufen oder sie negativ anschauen. Doch müssen wir lernen, in all dem ruhig zu werden. Das ist selbstverständlich nicht immer leicht, wie jede Hausfrau mit zwei oder drei Kleinkindern bestätigen kann!

„Persönliche Zeit mit Gott“
Wenn wir von „persönlicher Zeit mit Gott“ sprechen, beziehen wir uns auf Zeiten, in denen wir allein sind mit Gott. Dann beten wir, lesen die Bibel und sinnen über das Wort nach. Natürlich ist Gott immer bei uns und Sein Heiliger Geist lebt sogar in uns; dennoch brauchen wir diese Zeiten des Alleinseins und Stilleseins. Nicht, dass diese Andachtszeiten auf den Herrn einen besonderen Eindruck machen würden. Sie sind lediglich Ausdruck dafür, dass wir begriffen haben, wie total abhängig wir von Ihm sind. Wir wurden geschaffen, um Gemeinschaft mit Gott zu haben; deshalb nehmen wir uns die Zeit, damit es auch geschehen kann. Das Gebet ist ein wichtiger Teil dieser Zeit allein mit Gott.

Einige praktische Ratschläge
Wir alle haben geschäftige Tagesabläufe und es gibt viele Dinge, an die wir denken müssen. Das macht es oft schwierig, eine persönliche Zeit allein mit Gott zu haben. Nachfolgend geben wir einige praktische Ratschläge, die dir helfen sollen, Zeit und Ruhe zu finden, damit dein Zusammensein mit dem Herrn fruchtbar sein kann:

1. Lege eine Zeit und einen Ort fest: Die Zeit und den Ort zu bestimmen kann eine grosse Hilfe sein beim Planen und Prioritäten setzen. Viele Verpflichtungen rufen, und ohne einen Plan können wesentliche Dinge untergehen.

2. Bete mit der Bibel: Weil unsere Gedanken mit unserem Alltagsleben beschäftigt sind, ist es oft schwierig, in die Ruhe zu kommen, selbst wenn wir allein sind. Heute gibt es wenige ruhige Orte, und wenn wir einen finden, werden wir meistens mit all den Dingen bombardiert, mit denen wir uns innerlich beschäftigen. In einem solchen Moment kann es eine grosse Hilfe sein, das Wort Gottes betend zu lesen und uns durch die Bibel ins Gebet führen zu lassen. Das hilft uns, unsere Gedanken vom Abschweifen abzuhalten. Die Psalmen sind das Gebetsbuch der Bibel und wir tun gut daran, diese Gebete zu den unseren zu machen.

3. Sei kreativ: Es gibt Zeiten, in denen uns unsere Verpflichtungen kaum erlauben, allein zu sein. Mütter mit Babies, die in der Nacht schreien, sind oft am Ende ihrer Kraft. Geschäftsleute durchleben Zeiten mit extremem Stress. An manchen Tagen sind wir nur allein, wenn wir das Geschirr abwaschen, zur Arbeit fahren oder in einem Flugzeug sitzen. Gott weiss, welchen Situationen wir ausgesetzt sind, und dass wir diese Zeiten mit Ihm brauchen. Er möchte uns helfen, genau so kreativ zu sein, wie Jesus es war. Wir müssen verstehen, wie wichtig es ist, dass unsere Herzen und unser Verstand auf Gott ausgerichtet sind, und dass wir die richtigen Prioritäten in unserem Leben setzen, damit Zeit bleibt fürs Gebet.

4. Lass dich vom Vaterunser führen: Jesus hat uns im Vaterunser die Grundlagen des Gebets gelehrt. Deshalb haben wir uns diese Woche damit beschäftigt. Nimm jeden einzelnen Satz als Leitfaden für dein Gebet. Nachfolgend findest du einige Vorschläge, wie du dich vom Vaterunser leiten lassen kannst:

Das Vaterunser (Matthäus 6,9-13)

„Unser Vater im Himmel“:
- Danke dem Vater für die Gemeinschaft, die Er ermöglicht hat, indem Er Seinen Sohn Jesus Christus gesandt hat.

„Dein Name werde geheiligt“:
- Bete Ihn an und rufe dir all das in Erinnerung, was Er für dich getan hat.

„Dein Reich komme. Dein Wille geschehe wie im Himmel so auf Erden“:
- Bitte, dass Er dich fähig macht, Seinen Willen zu erkennen und danach zu leben, und stehe dafür ein, dass Sein Reich in den Leben der Menschen in deiner Umgebung gebaut werden darf.

„Unser tägliches Brot gib uns heute“:
- Bitte um die Versorgung deiner Bedürfnisse.

„Und vergib uns unsere Schuld, wie auch wir vergeben unsern Schuldigern“:
- Bitte um Vergebung für deine Sünden und Unzulänglichkeiten (vergib auch du allen, denen du etwas zu vergeben hast).

„Und führe uns nicht in Versuchung“:
- Bitte Ihn um die Kraft, der Stimme des Heiligen Geistes in deinem Leben gehorsam zu sein.

„Sondern erlöse uns von dem Bösen“:
- Bitte Ihn um die Kraft, Satan und den finsteren Mächten Widerstand leisten zu können.

✍ **Warum ist es wichtig, dass wir Zeit allein im Gebet verbringen?**

____

____

____

1.Tag: „Was ist die Gemeinde“

☞ **Wochenvers zum Auswendiglernen: 1. Petrus 2,9**
Lies bitte: 1. Petrus 2,1-10

Was ist die Gemeinde?
Was kommt dir in den Sinn, wenn du das Wort „Gemeinde“ hörst? Viele von uns stellen sich dabei vielleicht grosse Gebäude mit spitzen Türmen und schönen Glasfenstern vor. Wenn wir zu jemandem sagen: „Gestern ging ich in die Gemeinde“, beziehen wir das auf einen Platz mit einem Gebäude darauf. Die Bibel jedoch spricht nicht von Gebäuden, wenn sie sich auf die “Gemeinde“ bezieht, sondern von all denen, die ihr Vertrauen auf Jesus Christus als ihren Herrn und Retter setzen. Diese Gemeinschaft von Gläubigen ist das, was wir die weltweite Gemeinde nennen, oder - wie die Bibel es nennt - der „Leib Christi“ (s. nachfolgend Epheser 1,22).

In Matthäus 16,18 bezog sich Jesus auf diese weltweite Gemeinde, als Er zu Petrus sagte: *„Und ich sage dir auch: Du bist Petrus, und auf diesen Felsen will ich meine Gemeinde bauen, und die Pforten der Hölle sollen sie nicht überwältigen.“*

Auch Paulus spricht davon in Epheser 1,22-23: *„Und alles hat er unter seine Füsse getan und hat ihn gesetzt der Gemeinde zum Haupt über alles, welche sein Leib ist, nämlich die Fülle dessen, der alles in allem erfüllt.“*

Die lokale Gemeinde
Das Neue Testament macht auch klar, dass Christen nicht nur zu der weltweiten Gemeinde gehören, sondern auch zu lokalen Gemeinden, die an Jesus Christus glauben. Die weltweite Gemeinde muss auf einer lokalen geographischen Ebene sichtbar werden. Später werden wir noch sehen, warum es so wichtig ist, dass wir Teil einer lokalen Gemeinde sind.

So wendet sich Paulus im 1. Korinther 1,2 folgendermassen an die dortigen Gläubigen: *„An die Gemeinde Gottes in Korinth, an die Geheiligten in Christus Jesus, die berufenen Heiligen samt allen, die den Namen unseres Herrn Jesus Christus anrufen an jedem Ort, bei ihnen und bei uns.“* Paulus sagt hier, dass er diesen Brief an eine ganz bestimmte Gruppe von Leuten in Korinth, Griechenland, richtet, die „geheiligt“ wurden. Er bezieht hier alle ein, die durch den Glauben an Jesus Christus gerecht gemacht wurden und demzufolge berufen sind, einen geheiligten Lebenswandel zu führen. Dann sagt er weiter, dass die Christen in Korinth Teil des weltweiten und übernatürlichen Leibes Christi sind, *„zusammen mit allen denen, die den Namen unseres Herrn Jesus Christus anrufen, ihr Herr und unser Herr“.*

Was ist das Besondere an der Gemeinde?
Die Gemeinde ist kein Club von Leuten, die aufgrund irgendeines gemeinsamen Interesses zusammenkommen. Unser Wochenvers bestätigt es: *„Ihr aber seid das auserwählte Geschlecht, das heilige Volk, das Volk des Eigentums, dass ihr verkündigen sollt die Wohltaten dessen, der euch berufen hat von der Finsternis zu seinem wunderbaren Licht.“* Das ist etwas Besonderes!

Die Gemeinde ist die Gemeinschaft derer, die ihr Vertrauen in Jesus Christus als ihren Herrn und Erlöser gesetzt haben (s. oben 1. Korinther 1,2). Sie vertrauen nicht mehr länger darauf, durch eigene Anstrengungen zu Gott kommen zu können, sondern nur durch Jesus Christus und Seinen Sühnetod für sie am Kreuz. Es sind die, in denen der Heilige Geist wohnt, mit dem sie versiegelt sind (Römer 8,11), und die jetzt durch den Heiligen Geist Gemeinschaft mit Gott haben (Epheser 2,18.22). Es sind die, die dem Wort Gottes vertrauen und durch die Kraft des Heiligen Geistes anstreben, im Gehorsam danach zu leben (Galater 5,22-25).

Zwei wichtige sichtbare Kennzeichen der Gemeinde

1. Die Liebe: Die Gemeinde ist die Gemeinschaft all derer, die von Gott geliebt werden durch Jesus Christus, der für ihre Sünden starb, und die nun einander in derselben Weise lieben sollen. 1. Johannes 4,10-11: *„Darin besteht die Liebe: nicht, dass wir Gott geliebt haben, sondern dass er uns geliebt hat und gesandt seinen Sohn zur Versöhnung für unsere Sünden. Ihr Lieben, hat uns Gott so geliebt, so sollen wir uns auch untereinander lieben."*

Diese opferbereite, unverdiente *"Agape"*-Liebe, die Jesus Seine Jünger lehrte, um sie untereinander auszuüben, ist eines der wichtigsten Kennzeichen der Gemeinde. Sie ist ein solch bedeutender Teil dessen, was die Gemeinde ausmacht, und was sie von allen anderen Gruppierungen und Religionen unterscheidet, dass Jesus in Johannes 13,34-35 sagte: *„Ein neues Gebot gebe ich euch, dass ihr euch untereinander liebt, wie ich euch geliebt habe, damit auch ihr einander liebhabt. Daran wird jedermann erkennen, dass ihr meine Jünger seid, wenn ihr Liebe untereinander habt."*

2. Die Einheit: Ein weiteres wichtiges Kennzeichen der Gemeinde, das sie von anderen Gruppierungen unterscheidet, ist die Einheit. Die Einheit, von der die Bibel spricht, hat Jesus Christus zum Mittelpunkt. Christen sind die, die den einen Herrn Jesus Christus haben, der für sie starb, den einen Glauben an Jesus Christus, den einen Heiligen Geist, der in ihnen lebt, und die dazu berufen wurden, alle das eine zu tun, nämlich: Gott zu lieben und einander zu lieben (Matthäus 22,37-40).

Es soll nochmals betont werden: Einheit ist ein solch bedeutender Bestandteil der Gemeinde und unterscheidet sie von allem anderen um sie herum, dass Jesus in Johannes 17,23 sagte: *„Ich in ihnen und du in mir, damit sie vollkommen eins seien und die Welt erkenne, dass du mich gesandt hast und sie liebst, wie du mich liebst."*

✍ **1. Wie würdest du die Gemeinde mit deinen eigenen Worten beschreiben?**

____

____

2. Zwei sichtbare Kennzeichen der Gemeinde, die wir in dieser Lektion angeschaut haben, sind "Liebe" und "Einheit". Warum sind sie so wichtig?

____

____

2. Tag: „Die Struktur der Gemeinde“

☞ **Wochenvers zum Auswendiglernen: 1. Petrus 2,9**
Lies bitte: Epheser 4,11-16

Hast du schon einmal jemand gesehen, der versucht, ein Haus mit Dachziegeln zu decken, das gar kein Dach hat? Natürlich nicht! Als erstes ist eine solide Konstruktion nötig, wenn die Dachziegel einen Nutzen bringen sollen. In dieser Lektion werden wir sehen, dass genau so, wie beim Bau eines Hauses eine Konstruktion notwendig ist, auch die Gemeinde eine Struktur benötigt, wenn sie gebaut werden und wachsen soll.

Die Gemeinde hat eine Struktur
In Epheser 4,11-16 sehen wir eine sehr klare Struktur. Als erstes ist da Jesus Christus, der das Haupt der Gemeinde ist. *„...von dem aus der ganze Leib zusammengefügt ist und ein Glied am andern hängt durch alle Gelenke, wodurch jedes Glied das andere unterstützt nach dem Mass seiner Kraft und macht, dass der Leib wächst und sich selbst aufbaut in der Liebe“* (16). Zweitens besteht die Gemeinde aus Gottes Volk, dem Leib Christi, und drittens hat die Gemeinde Leiter, die Gottes Volk zubereiten sollen, anderen zu dienen, sodass der ganze Leib wächst und zur Reife kommen kann.

Gott hat der Gemeinde Leiter gegeben
Epheser 4,11: *„Und er hat einige als Apostel eingesetzt, einige als Propheten, einige als Evangelisten, einige als Hirten und Lehrer.“*

Als Paulus auf seiner ersten Missionsreise neue Gemeinden gründete, lesen wir, dass er Älteste in den neuen Gemeinden einsetzte, die für die Aufsicht und das Wohlergehen ihrer jeweiligen Gemeinden verantwortlich waren. Und genauso ist es heute. In unseren lokalen Gemeinden gibt es eingesetzte Leiter, die vor Gott für das Wohlergehen der Gemeinde verantwortlich sind. Gewisse organisatorische Strukturen in unseren Gemeinden heute mögen nicht identisch sein mit denen des ersten Jahrhunderts, und dennoch bleibt es wahr, dass Gott Leiter eingesetzt hat, durch die Er die Gemeinden führen und leiten will.

Die Verantwortung der Leiter
Wie wir schon weiter oben in Epheser 4,16 sahen, ist Jesus Christus - und kein anderes menschliches Wesen - das Haupt Seiner Gemeinde. Das bedeutet, dass die Diener, die Er Seiner Gemeinde gibt, Ihm gegenüber verantwortlich sind. Wegen der so wichtigen Rolle, die sie in der Gemeinde als Aufseher und Vorbilder in Wort und Tat haben, müssen sie Gottes Bedingungen erfüllen und sich darüber bewusst sein, eines Tages vor Gott zu stehen und Rechenschaft geben zu müssen. Ein solcher Dienst ist eine „hohe Aufgabe“ (1. Timotheus 3,1), aber sie muss wirklich ernst genommen werden.

Hebräer 13,17a: *„Gehorcht euren Lehrern und folgt ihnen, denn sie wachen über eure Seelen - **und dafür müssen sie Rechenschaft abgeben.“***

Jakobus 3,1: *„Liebe Brüder, nicht jeder von euch soll ein Lehrer werden; **und wisst, dass wir ein desto strengeres Urteil empfangen werden.“***

Die Verantwortung der Gemeindeglieder
Epheser 4,16: *„...von dem aus der ganze Leib zusammengefügt ist und ein Glied am anderen hängt durch alle Gelenke, wodurch jedes Glied das andere unterstützt nach dem Mass seiner Kraft und macht, dass der Leib wächst und sich selbst aufbaut in der Liebe.“*
Hier sehen wir, dass jedes Glied am Leib Christi die Verantwortung hat, sich ausrüsten zu lassen und von Gott für den Dienst an anderen gebrauchen zu lassen. Über die Jahrhunderte hinweg haben viele Gemeinden eine unglückliche Entwicklung gemacht: sie gleichen eher einer Versammlung von Zuschauern als einander aktiv dienenden Mitgliedern. Welch praktische Struktur eine lokale Gemeinde auch hat, sie muss auf alle

Fälle die Möglichkeit bieten, dass sich die einzelnen Christen untereinander dienen können. Das ist einer der Hauptgründe dafür, warum so viele Gemeinden heute die Wichtigkeit organisierter kleiner Gruppentreffen (Hauszellen) unterstreichen als integrierter Bestandteil ihres lokalen Gemeindelebens.

Eine weitere wichtige Verantwortung jedes Gemeindegliedes ist Gehorsam und Unterordnung unter die Leiter. In Epheser 4,11 sahen wir, dass diese Dienste Gaben Christi an Seine Gemeinde sind, und dass es Seine Absicht ist, Seinem Leib durch sie zu dienen. Damit dies auch geschehen kann, muss jede Person willig sein, die gegebene Leiterschaft zu akzeptieren und zu respektieren.

Selbstverständlich stehen wir alle unter der Autorität Jesu Christi und des Wortes Gottes. Doch darüber hinaus müssen wir dem Heiligen Geist vertrauen, dass Er uns durch die gegebenen Leiter dient. So wie es Hebräer 13,17 nachfolgend aufzeigt, wirkt sich eine solche Haltung für uns nur positiv aus: *„Gehorcht euren Lehrern und folgt ihnen, denn sie wachen über eure Seelen - und dafür müssen sie Rechenschaft geben -, damit sie das mit Freuden tun und nicht mit Seufzen; denn das wäre nicht gut für euch."*

Den Zehnten geben

Den Zehnten zu geben, hat auch mit der Struktur der Gemeinde zu tun, denn dadurch wird einzelnen Personen ermöglicht, ihre Zeit und Energie völlig in die Gemeindearbeit zu investieren. In vielen Gemeinden ist es üblich, der Praxis des Alten Testamentes zu folgen, indem die Mitglieder freiwillig zehn Prozent ihres Einkommens der Gemeindearbeit zukommen lassen. Dies ist ein praktischer Ausdruck dafür, dass man die von Gott gegebenen Leiter akzeptiert und unterstützt, und dass man sich an der Arbeit der lokalen Gemeinde als Ganzes beteiligt.

✍ **Lies bitte Epheser 4,15-16 und notiere die Verpflichtungen, die für jedes Glied des Leibes Christi gelten:**

____

____

3. Tag: „Teil einer lokalen Gemeinde sein“

☞ **Wochenvers zum Auswendiglernen: 1. Petrus 2,9**

Lies bitte: Apostelgeschichte 2,42-47; 1. Korinther 1,2; Philipper 1,1

Wozu eigentlich Gemeindemitgliedschaft?
Oft wird die Frage gestellt: „Muss ich wirklich Mitglied einer Gemeinde werden? Kann ich nicht nur an den Gottesdiensten teilnehmen, ohne meinen Namen auf einer Liste zu haben?“

Natürlich sind wir ein Glied des weltweiten Leibes Christi, aber, wie wir bereits sagten, muss dies auch ausgelebt werden auf einer lokalen, geographischen und verantwortlichen Ebene. Es gibt eine Reihe von Gründen, warum wir die Mitgliedschaft in einer lokalen Gemeinde ernst nehmen sollten.

1. Die erste Gemeinde ist das Vorbild.
Der wichtigste Grund ist, dass es dem Vorbild der Bibel im Neuen Testament entspricht. Wie wir bereits oben gesehen haben, wusste die frühe Gemeinde, wem sie gehörte und was von denen erwartet wurde, die „innerhalb“ der Gemeinde waren und von denen, die „ausserhalb“ der Gemeinde waren.

2. Die Leiter müssen wissen, für wen sie eines Tages Rechenschaft abgeben müssen.
Für diejenigen, die eines Tages vor Gott Rechenschaft abgeben müssen für all jene, die ihnen anvertraut waren, ist es notwendig zu wissen, wer diese Personen sind, die sich freiwillig ihrer Führung unterstellen. Es ist unmöglich, sich um jemanden zu kümmern, der von Ort zu Ort und von Person zu Person geht. Es muss eine klar definierte Beziehung vorhanden sein zwischen denen, die leiten und denen, denen sie dienen.

In Apostelgeschichte 6 finden wir eine interessante Situation. Die Organisation dieser neugegründeten Gemeinde war nicht fähig, mit den logistischen Anforderungen Schritt zu halten. Die griechischen Juden unter ihnen empfanden, dass ihre Witwen bei der täglichen Verteilung der Nahrung zu kurz kamen. Das Problem war, dass so viele Menschen innerhalb kurzer Zeit der Gemeinde beigetreten waren, dass es unmöglich war, dem Bedürfnis eines jeden in der richtigen Weise zu begegnen. Die Apostel lösten dieses Problem durch eine bessere Organisation. Sie setzten Diakone ein, die für diese und auch andere Bedürfnisse der Gemeinde zuständig waren. Ganz klar wird hier, dass sie offensichtlich wussten, wer zur Gemeinde gehörte und wer nicht. Die Apostel kümmerten sich darum, dass alle, die unter ihrer Obhut waren, auch wirklich versorgt wurden.

3. Die Glieder der Gemeinde müssen wissen, wer die anderen Mitglieder sind, damit sie sich gegenseitig dienen können.
Eine klar definierte Beziehung zwischen den Mitgliedern einer Gemeinde ist notwendig, denn jedes Mitglied der Gemeinde trägt Verantwortung für seinen Anteil am Bau des Leibes Christi (Epheser 4,11-16). Damit wir das tun können, müssen wir wissen, wer die anderen Personen sind. Mitglied einer lokalen Gemeinde zu werden, ist deshalb eine formale Erklärung, in eine Gemeinschaft einzutreten, die für beide Teile gilt. Diese Beziehung beinhaltet sowohl Privilegien wie auch Verantwortung, die genau verstanden und akzeptiert werden müssen, wenn der Leib Christi so funktionieren soll, wie Gott es vorgesehen hat.

4. Es ist notwendig für unseren eigenen Schutz. Es ist notwendig für die Ordnung in der Gemeinde.
Für jeden von uns ist es wichtig und nützlich zu wissen, was von uns als Christen und Mitgliedern einer lokalen Gemeinde erwartet wird. Wir neigen alle zur Vergesslichkeit und laufen Gefahr, unsere Aufgaben zu vernachlässigen. Dies ist einer der Gründe, warum wir uns gegenseitig ermutigen und erinnern sollen.

Weil wir alle noch zur Sünde fähig sind, brauchen wir die anderen Glieder des Leibes Christi, um uns beizustehen und, wenn nötig, sogar gegen uns zu sein, damit wir die negativen Auswirkungen unseres Ungehorsams erkennen können. Wie Paulus im 1. Korinther 5,5 sagte, sollten sie den unmoralischen Bruder hinauswerfen, *„damit der Geist gerettet werde am Tage des Herrn"*. Sollte ein solcher Schritt notwendig werden, hat er nur dann Sinn, wenn ganz klar ist, wer „innerhalb" und wer „ausserhalb" der Gemeinde ist. Das eigentliche Vorgehen, Mitglied einer Gemeinde zu werden, ist von Gemeinde zu Gemeinde verschieden, aber wichtig ist, dass es geschieht.

✍ **1. Lies die folgenden Verse sorgfältig durch und unterstreiche die Worte, die aussagen, dass es dort eine bestimmte Gruppe von Christen gab, die zueinander gehörten.**

Apostelgeschichte 2,46-47: *„Und sie waren täglich einmütig beieinander im Tempel und brachen das Brot hier und dort in den Häusern, hielten die Mahlzeiten mit Freude und lauterem Herzen und lobten Gott und fanden Wohlwollen beim ganzen Volk. Der Herr aber fügte täglich zur Gemeinde hinzu, die gerettet wurden."*

2. Was meinst du, hat Epheser 4,16 damit zu tun, Mitglied einer lokalen Gemeinde zu sein?

____

____

____

4. Tag: „Die lokale Gemeinde und unser persönliches Leben“

☞ **Wochenvers zum Auswendiglernen: 1. Petrus 2,9**
Lies bitte: 1. Korinther 12,12-26

Die Bibel gebraucht als Beispiel für die Gemeinde oft das Bild des menschlichen Körpers. Die Gemeinde ist ein Organismus. Sie besteht aus vielen Gliedern, die alle miteinander verbunden und voneinander abhängig sind.

In 1. Korinther 12,12-26 sehen wir, dass es Gottes Absicht ist, dass wir in einer lebendigen Beziehung zum Rest Seines Leibes, der Gemeinde, stehen. Im Blick auf unser Wachstum und unseren Schutz sollen wir voneinander abhängig sein. Auch wenn uns das einleuchtet, so geht unsere natürliche Tendenz doch dahin, von anderen unabhängig zu sein. Wir haben sicher alle schon kleine Kinder beobachtet, die sich hoffnungslos damit abmühen, ihre Schuhbänder zu knoten oder auf ihr neues Fahrrad zu steigen. Wenn wir ihnen dann helfen wollen, sagen sie: „Das kann ich selber!“ Schlussendlich sind sie dann vielleicht frustriert und in Tränen aufgelöst, aber sie geben unter keinen Umständen zu, dass sie unsere Hilfe brauchen. Selbstverständlich geht es in Ordnung, wenn wir etwas selbst erreichen wollen; doch für uns Christen ist es äusserst wichtig, zu begreifen, dass Gott niemals wollte, dass wir auf uns selbst gestellt und unabhängig von anderen sein sollen. Die Gemeinde wird „Leib“ genannt, und wir sind ein Teil davon. Dies hat ganz praktische Konsequenzen.

Wir müssen verantwortungsvoll mit anderen Christen zusammenleben
Wie wir bereits in der vorhergehenden Lektion sahen, ist es notwendig, Mitglied in einer Gemeinde zu sein, um ein engagiertes und verantwortungsvolles Leben als Christ zu führen. Die Gemeinde kann nur nach dem Plan Gottes funktionieren, wenn sich Christen untereinander kennen und einander dienen. Vertrauen muss durch Zuverlässigkeit und Verantwortung im Dienst aufgebaut und durch Treue bewiesen werden (1. Timotheus 3,1-13).

Dies ist einer der praktischen Gründe, warum viele Gemeinden in der Welt heute kleine Gruppen bilden, um echte biblische Gemeinschaft zu verwirklichen.

Wir brauchen die Predigt des Wortes Gottes
2. Timotheus 4,2: *„Predige das Wort, steh dazu, es sei zur Zeit oder zur Unzeit; weise zurecht, drohe, ermahne mit aller Geduld und Lehre.“* Anhand dieses Verses sehen wir, wie wichtig Paulus die Verkündigung des Wortes Gottes war. Er bezieht sich hier nicht auf ein Bibelstudium oder eine Diskussionsrunde über das Wort Gottes, sondern er redet von dem vollmächtigen Predigen des heiligen Wortes Gottes und befiehlt Timotheus, das Wort auf diese Art weiterzugeben.

Als Christen ist es uns bewusst, dass wir verwirrt und entmutigt sein können und die Gefahr besteht, dass wir in unseren Gedanken, Haltungen, Motiven und Handlungen abirren. Dies ist der Grund, warum wir das Wort Gottes in unserem Leben hören müssen. Es schützt und leitet uns. Es weist uns zurecht und ruft uns zur Busse, wenn wir Fehler begangen haben. Es ermutigt uns, wenn wir versagt haben oder durchhalten müssen und lehrt uns, ein Gott wohlgefälliges Leben zu führen.
Paulus schrieb an Timotheus: *„Denn alle Schrift, von Gott eingegeben, ist nütze zur Lehre, zur Zurechtweisung, zur Besserung, zur Erziehung in der Gerechtigkeit, dass der Mensch Gottes vollkommen sei, zu allem guten Werk geschickt“* (2. Timotheus 3, 16-17).

Und in Psalm 119,105 heisst es: *„Dein Wort ist meines Fusses Leuchte und ein Licht auf meinem Wege.“*

Taufe und Abendmahl
Wir werden in einigen späteren Lektionen die Bedeutung dieser zwei Symbole anschauen, doch wollen wir an dieser Stelle festhalten, dass sie innerhalb der Gemeinde ausgeübt werden in Verbindung mit der Verkündigung des Wortes Gottes. Sie erhalten eine besondere Bedeutung für uns, weil das Wort Gottes uns die Zusage für die Vergebung unserer Sünden durch Jesus Christus gibt.

Wir sind fortwährend Versuchungen und Angriffen Satans ausgesetzt, erleiden Niederlagen in unseren Leben sowie Krankheiten an Körper und Seele. Deshalb sind wir auf diese äusseren „Zeichen" und das Predigen des Wortes Gottes angewiesen, damit uns die Wahrheiten des Evangeliums immer wieder vor Augen geführt werden

Wir alle sollen mit den Gaben dienen, die Gott uns gegeben hat
1. Korinther 12,21-22: *„Das Auge kann nicht sagen zu der Hand: Ich brauche dich nicht; oder das Haupt zu den Füssen: Ich brauche euch nicht. Vielmehr sind die Glieder des Leibes, die uns die schwächsten zu sein scheinen, die nötigsten."* Hier wird wieder das Bild des Leibes gebraucht, um uns zu zeigen, dass wir nicht nur empfangen, sondern auch geben sollen. Die Gemeinde ist ein lebendiger Organismus, der nur richtig funktionieren kann, wenn jedes Glied seiner Begabung und seinen Fähigkeiten entsprechend gibt. In den oben genannten Versen sagt Paulus: was wäre das für ein Körper, wenn er nur aus einem Auge bestünde? Ein Auge allein kann nicht existieren. Es muss dem Kreislauf und den Signalen des restlichen Körpers angeschlossen sein, wenn es seine Aufgabe ausüben soll. Andererseits ist der ganze Körper auf die einzigartige Funktionstätigkeit des Auges angewiesen. Der Vergleich mit dem Körper will uns veranschaulichen, dass jeder in der Gemeinde eine Aufgabe hat und wir uns dafür zubereiten lassen müssen (Epheser 4,11-12) in der Kraft des Heiligen Geistes.

✍ **Warum ist die lokale Gemeinde wichtig für dein persönliches Leben als Christ?**

____

____

____

5. Tag: „Die Gemeinde hat eine Aufgabe“

☞ **Wochenvers zum Auswendiglernen: 1. Petrus 2,9**
Lies bitte: Apostelgeschichte 8,1-8

Der Sendungsbefehl
Kurz vor seiner Rückkehr zum Vater gab Jesus Seinen Jüngern eine klare Beschreibung ihrer Aufgabe. Wir nennen sie den „Sendungsbefehl“.
Matthäus 28,18-20: ***„Mir ist gegeben alle Gewalt im Himmel und auf Erden. Darum gehet hin und machet zu Jüngern alle Völker: Taufet sie auf den Namen des Vaters und des Sohnes und des heiligen Geistes und lehret sie halten alles, was ich euch befohlen habe. Und siehe, ich bin bei euch alle Tage bis an der Welt Ende.“***
Die Aufgabe, die wir als Gemeinde haben, ist, „Menschen zu Jüngern zu machen“. Diese Aufgabenbeschreibung zeigt uns, dass wir mehr sind als nur eine Selbsthilfegruppe. Wir sind der Leib Christi und haben den Auftrag, das Reich Gottes zu bauen. Unsere Aufgabe ist es, das Evangelium einer verlorenen Welt zu bringen und Menschen zu Nachfolgern Christi zu machen.

Was ist unsere Aufgabe?
Jesus sagte in Matthäus 5,13-16: *„Ihr seid das Salz der Erde...“* (13). *„Ihr seid das Licht der Welt...“* (14). *„So lasst euer Licht leuchten vor den Leuten, damit sie eure guten Werke sehen und euren Vater im Himmel preisen“* (16).

Wenn von „Verkündigung des Evangeliums“ oder von „zu Jüngern machen“ die Rede ist, stellen wir uns einen Prediger auf der Kanzel vor, der speziell für diese Aufgabe ausgebildet wurde. Aber das meinte Jesus in den oben erwähnten Versen nicht. Er sagte, wir würden *„Salz“* und *„Licht“* sein, das andere durch unsere *„guten Werke“* schmecken und sehen würden. Jesus sprach von der Art und Weise, wie wir leben. Unsere Lebensweise ist ausschlagebend, wenn wir andere erreichen und sie ins Reich Gottes führen wollen.

Im Brief von Paulus an die junge Gemeinde in Thessalonich wird ersichtlich, dass einige von ihnen Schwierigkeiten hatten, die Bedeutung ihres Alltagslebens und dessen Auswirkung auf ihre Umgebung zu erkennen. Im 1. Thessalonicher 4,11-12 lesen wir: *„...und setzt eure Ehre darein, dass ihr ein stilles Leben führt und das Eure schafft und mit euren eigenen Händen arbeitet, wie wir euch geboten haben, damit euer Leben die Anerkennung der Aussenstehenden findet, und ihr auf niemanden angewiesen seid“* (Übersetzung aus der NIV-Bibel). Wenn wir so leben, haben wir bestimmt etwas weiterzugeben, und andere werden auf uns hören!

Wenn wir nun auf unsere übergeordnete Aufgabe als Gemeinde schauen, müssen wir unseren Platz darin finden. Einige werden berufen sein, ihre eigene Kultur zu verlassen und fremden Nationen das Evangelium zu bringen, so wie es der Apostel Paulus und andere getan haben. Andere werden an ihrem Platz bleiben und zu Hause mit demselben Einsatz und Eifer Menschen zu Jüngern machen, wie diejenigen in der Fremde.

Was bedeutet das für uns heute? Es bedeutet, dass unsere tägliche Arbeit, unser Beruf, unsere Familie, unsere Freizeit und unser Geld für Gott und Sein Reich eine grosse Bedeutung haben. Wenn wir Gott als Mechaniker, als Arzt, als Hausfrau, als Computerspezialist, als Hauswart, als Prediger, als Mutter und Vater, als Missionar treu dienen, tun wir, was Paulus den Thessalonichern anwies, als er sagte: *„findet die Anerkennung der Aussenstehenden.“*

In Apostelgeschichte 8,4 steht über die verfolgten Christen: *„Die nun zerstreut worden waren, zogen umher und predigten das Wort.“* Jeder war ein Evangelist, nicht nur ein paar wenige Spezialisten!

Aus der Geschichte der Gemeinde
In den ersten Jahrhunderten gab es viele, die die Gemeinde in Misskredit brachten und verfolgten. Man beschuldigte sie schrecklicher Dinge, unter anderem auch des Kannibalismus und krasser Sittenlosigkeit. Doch ihr Lebenswandel sprach deutlicher als die Anschuldigungen ihrer Feinde. Innerhalb verhältnismässig kurzer Zeit verbreitete sich das Christentum im ganzen römischen Reich und wurde zu einer Macht, die nicht zu unterschätzen war.

Einer der Hauptgründe dafür war der vorbildliche Lebenswandel der Christen. In einer moralisch korrupten Gesellschaft waren sie „Lichter", z.B. in der Treue zu ihrem Ehepartner und in ihren Beziehungen zu den Mitmenschen. Sie galten als zuverlässig und wurden deshalb - trotz ihres christlichen Glaubens - oft mit verantwortungsvollen Positionen in der Regierung betraut. Christen kümmerten sich beispielsweise um unerwünschte und ausgesetzte Kinder oder um solche, die auf den Tempelstufen zurückgelassen wurden, um als Prostituierte zu arbeiten. Die Christen begruben nicht nur ihre eigenen Toten, sondern erwiesen diesen letzten Dienst auch solchen, um die sich niemand kümmerte.

Von Justin (100-164 n. Christus), einem der ersten christlichen Apologeten, erfahren wir, dass die ersten Christen zur Abendmahlsfeier Nahrungsmittel aller Art, ja sogar Blumen mitbrachten. Diese Liebesgaben wurden nach der Feier von den Diakonen an die Armen und Bedürftigen verteilt. Ein solches Verhalten meinte Jesus, als er sagte, dass wir das *„Salz der Erde"* und das *„Licht der Welt"* seien.

✍ **Was bedeutet der „Sendungsbefehl" für dich heute?**

____

____

____

1. Tag: „Warum haben Christen Probleme?“

☞ **Wochenvers zum Auswendiglernen: Römer 8,28**
Lies bitte: Römer 8,18-25; Philipper 3,12-14,20-21

Ein weit verbreitetes Missverständnis
Viele Menschen denken, dass sie keine Probleme mehr haben werden, wenn sie Christen geworden sind. Es stimmt: unser grösstes Problem ist gelöst. Durch unsere Sünde waren wir von Gott getrennt und nun, nachdem wir Jesus Christus und Seinem Tod am Kreuz unser Vertrauen geschenkt haben, sind wir mit Gott als unserem himmlischen Vater wieder vereinigt. Doch obwohl wir Gottes Kinder geworden sind und *„von der Macht der Finsternis errettet und in das Reich seines lieben Sohnes versetzt wurden“* (Kolosser 1,13), haben wir immer noch Probleme, Schwierigkeiten und Kämpfe. Es ist sogar so, dass einige neue Probleme dazukommen, wenn wir Christen werden. Es ist ausserordentlich wichtig für uns, zu verstehen, wie wir mit diesen Dingen umgehen müssen, und zu erkennen, woher sie kommen, sonst können wir allzu leicht irritiert und entmutigt werden. Hier handelt es sich um eine ganz wichtige Sache im Leben als Jünger Jesu.

Warum haben Christen noch Probleme?
Als Christen sehnen wir uns nach dem Tag, an dem wir im Himmel bis in alle Ewigkeit mit Gott ungebrochene Gemeinschaft haben werden. Jesus verhiess in Johannes 14,1-2, dass er gehen würde, um einen Platz für uns zu bereiten. Und wir warten mit allen anderen Christen zusammen auf den Tag, an dem er zurückkehren und uns heimholen wird.

Johannes 14,2-3: *„In meines Vaters Hause sind viele Wohnungen. Wenn's nicht so wäre, hätte ich dann zu euch gesagt: Ich gehe hin, euch die Stätte zu bereiten? Und wenn ich hingehe, euch die Stätte zu bereiten, will ich wiederkommen und euch zu mir nehmen, damit ihr seid, wo ich bin.“*

Jesus sagte ihnen aber auch, dass sie noch auf dieser Erde zu bleiben hätten, und dass er sie *„in diese Welt senden“* würde. Dies war für die Jünger ein furchterregender Gedanke, denn es bedeutete, dass sie einer gefallenen Schöpfung gegenüberstehen würden. Sie würden einem zweifachen Feind begegnen, *„der Welt“* und *„dem Bösen“*, mit all ihrer Feindschaft gegen Leib, Seele und Geist. Sie waren noch nicht im Himmel. Sie waren tatsächlich noch auf der Erde und in der Welt. Deshalb betete Jesus in Johannes 17,11+15 für sie: *„Ich bin nicht mehr in der Welt; sie aber sind in der Welt, und ich komme zu dir. Heiliger Vater, erhalte sie in deinem Namen, den du mir gegeben hast, dass sie eins seien wie wir. Ich bitte dich nicht, dass du sie aus der Welt nimmst, sondern dass du sie bewahrst vor dem Bösen.“*

Jesus ist wirklich zum Vater zurückgekehrt und wir sind wirklich noch *„in dieser Welt“*.Wir sind Gottes Kinder und gehören ganz real zu Seinem Königreich, aber wurden noch nicht aus dem Kampf mit Satan, Tod, Krankheit, Versuchung und Schwierigkeiten entlassen.

Ein Pastor, der vom Problem der Sünde sprach, drückte es so aus: *„Von der Strafe der Sünde wurdest du am Kreuz freigesetzt. Von der Macht der Sünde wirst du jeden Tag freigesetzt. Von der Anwesenheit der Sünde wirst du in der Zukunft freigesetzt werden.“*[11]

Die Erfahrung der ersten Christen
Wir sehen aus dem, was das Neue Testament uns lehrt und aus seinen Beispielen, dass es für Christen ganz normal war, Probleme zu haben. Christus versprach Seinen Jüngern, dass sie Probleme haben würden. *„Wenn euch die Welt hasst, so wisst, dass sie mich vor euch gehasst hat“* (Johannes 15,18f). Wenn wir das Leben der ersten Gemeinde in der Apostelgeschichte anschauen, sehen wir, dass diese Christen mit allen möglichen Problemen konfrontiert waren, und dass sie ihnen auf verschiedenste Weisen begegneten.

[11] Dr. Ralph W. Neighbour, Jr.: *Unterwegs zum Ziel* (Houston, Texas, Touch Outreach Ministries, 1995) S. 82

Manche Probleme wurden durch das Gebet gelöst und durch Gottes wunderbares Eingreifen (Apostelgeschichte 12: Petrus' wundersame Befreiung aus dem Gefängnis). Andere Probleme wurden durch weise und praktische Entscheidungen gelöst (Apostelgeschichte 6: Die Wahl der sieben, um für die Bedürftigen zu sorgen). Wieder andere wurden durch Gespräche und kluge Leitung gelöst (Apostelgeschichte 15: Der Rat in Jerusalem). Andere wiederum durch geduldiges Warten, bis sich eine Lösung fand (Apostelgeschichte 21-28: Paulus war fünf Jahre im Gefängnis). Einige Probleme schienen überhaupt nicht gelöst worden zu sein (Apostelgeschichte 7: Die Steinigung des Stephanus).

Wir leben zwischen den Zeiten

Wir leben sozusagen „zwischen den Zeiten". Wir stehen zwischen der Zeit, in der Jesus kam und das beginnende Reich Gottes einleitete und der Zeit, in der Jesus wiederkommen wird, um Sein Reich zur endgültigen Vollendung zu bringen. Wir dürfen in dieser Zwischenzeit schon jetzt teilhaben am Reich Gottes, werden aber noch immer mit unserer menschlichen Vergänglichkeit und dem Reich der Finsternis konfrontiert. Dieses Reich Satans wird endgültig zerstört, wenn Jesus wiederkommt (Römer 16,20). Weil wir „zwischen den Zeiten leben" und noch nicht im Himmel sind, dürfen wir jetzt schon durch den Glauben vor Gott gerecht sein (Römer 3,28), doch können wir noch nicht ein absolut vollkommenes Leben führen (Römer 8,3). Wir können jetzt schon für Gesundheit beten und Heilungen erwarten (Jakobus 5,13-16), doch sind wir noch nicht von aller Krankheit, noch vom Tod befreit (Römer 8,22). Jesus Christus ist durch den heiligen Geist jetzt schon bei uns (Johannes 14,18), aber wir sehen Ihn noch nicht Angesicht zur Angesicht (1. Korinther 13,12).

In einer solchen Spannung zu leben ist gar nicht einfach. Wir haben es gern, wenn die Rechnung immer aufgeht. Doch Paulus sagt in Römer 8,23, dass Gott uns den heiligen Geist gegeben hat „als Erstlingsgabe", um uns gerade in dieser sehr schwierigen Zwischenzeit beizustehen, damit wir nicht aufgeben.

Wir erwarten eine wunderbare Zeit, die Johannes in Offenbarung 21,4 beschrieben hat: *„Und Gott wird abwischen alle Tränen von ihren Augen, und der Tod wird nicht mehr sein, noch Leid noch Geschrei noch Schmerz wird mehr sein; denn das Erste ist vergangen."*

(Diagramm zumVerständnis[12])

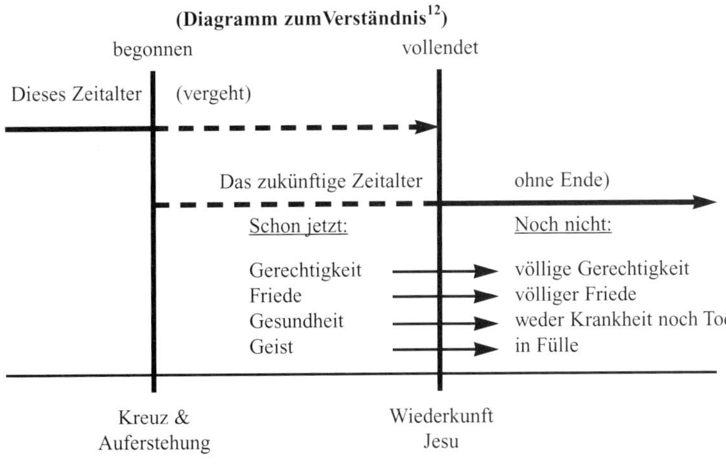

Bitte fülle im nachfolgenden Zitat die fehlenden Worte ein:

Römer 8,22-23: *„Denn wir wissen, dass die ganze Schöpfung bis zu diesem Augenblick mit uns seufzt und sich ängstet. Nicht allein aber sie, sondern ________________, die wir den Geist als Erstlingsgabe haben, __________ in uns selbst und ____________ uns nach der Kindschaft, der Erlösung unseres Leibes."*

Was haben die eingefüllten Worte mit deiner gegenwärtigen Situation zu tun?

[12] G.D. Fee, D. Stuart, *Effektives Bibelstudium*, ICI: Asslar BRD, 1990, S. 162

2. Tag: „Erkennen, woher die Probleme kommen“

☞ **Wochenvers zum Auswendiglernen: Römer 8,28**
Lies bitte: Römer 7,14-25

Eine gefallene Schöpfung
Zu Beginn der ersten Lektion in Woche 1 („Der wunderbare Anfang der Menschheit“) sahen wir, dass der Mensch, als er sich gegen Gott, seinen Schöpfer, auflehnte, er von Gott, der Quelle des Lebens, getrennt wurde. Dadurch war Gottes vollkommene Schöpfung verdorben. Der Tod mit all seinen schrecklichen Folgen fand Eingang ins Universum. Somit leben wir nun in einer Schöpfung, die weit davon entfernt ist, vollkommen zu sein. Eigentlich sollte sie die Quelle grosser Freude und Dankbarkeit gegenüber Gott sein, doch ist sie oft der Grund für Leiden und Schmerzen. Der Apostel Paulus spricht davon im 8. Kapitel des Römerbriefes.

Römer 8,22-23: *„Denn wir wissen, dass die ganze Schöpfung bis zu diesem Augenblick mit uns seufzt und sich ängstet. Nicht allein aber sie, sondern auch wir selbst, die wir den Geist als Erstlingsgabe haben, seufzen in uns selbst und sehnen uns nach der Kindschaft, der Erlösung unseres Leibes.“*

Im Neuen Testament wird von vielen Beispielen berichtet, in denen Menschen es mit dieser gefallenen Schöpfung zu tun haben. Im Kapitel 3 der Apostelgeschichte, als Petrus und Johannes zum Tempel gingen, um zu beten, trafen sie einen lahmen Mann am Tempeltor, der bettelte. *„Petrus aber sprach: Silber und Gold habe ich nicht; was ich aber habe, das gebe ich dir: Im Namen Jesu Christi von Nazareth steh auf und geh umher!“* Und das geschah! Bei einer anderen Gelegenheit lesen wir in 1. Timotheus 5,23, dass Paulus an Timotheus einige praktische Ratschläge weitergibt: *„Trinke nicht mehr nur Wasser, sondern nimm ein wenig Wein dazu um des Magens willen, und weil du so oft krank bist.“* An anderer Stelle erwähnt Paulus einfach, dass er seinen Mitarbeiter Trophimus krank in Milet zurücklassen musste (2. Timotheus 4,20). In all diesen Fällen sehen wir, dass die ersten Christen es mit einer gefallenen Schöpfung zu tun hatten. In manchen Fällen schenkte Gott Heilung, manchmal war praktischer Ratschlag nötig, bei anderen Gelegenheiten war keine sofortige Lösung abzusehen.

Drei Feinde, deren Existenz wir wahrnehmen müssen:

1. Die sündige Natur
Eine der grössten Ursachen der Probleme, denen wir im Leben begegnen, ist das, was die Bibel unser *„Fleisch“*, unsere *„sündige Natur“* nennt. Paulus schreibt in Galater 5,17: *„Denn das Fleisch begehrt auf gegen den Geist und der Geist gegen das Fleisch; die sind gegeneinander, so dass ihr nicht tut, was ihr wollt.“* Das Wort *„Fleisch“* in diesem Vers ist die Übersetzung des griechischen Wortes „sarx“, das wörtlich „Fleisch“ bedeutet. Doch dieses Wort „Fleisch“ bezieht sich nicht auf unseren physischen Leib, sondern auf einen Teil unseres Wesens, der sich Gott widersetzt. Dieses „Fleisch“ stirbt nicht. Es verschwindet auch nicht, wenn wir Christen werden. Es ist noch immer ein aktiver Teil unserer selbst. Deshalb sagt Paulus, dass es im Konflikt mit dem Heiligen Geist steht. Obwohl wir Gottes Kinder sind und der Heilige Geist in uns lebt, ist diese alte Natur noch wirksam, die sich gegen Gott und Seine Herrschaft in unserem Leben richtet.

Die Tatsache, dass wir noch mit unserer „fleischlichen Natur“ zu tun haben, bedeutet für uns, dass wir ständig mit Sünde, Versuchungen und Fehlhaltungen zu kämpfen haben. Wir können nicht das vollkommene Leben leben, das wir so gerne leben möchten. Darum sagt Paulus im oben genannten Vers: *„so dass ihr nicht* (fortwährend, immer) *tut, was ihr wollt.“* (Die Ausdrücke in Klammern geben den Sinn des griechischen Wortes für „tun“ wieder).

Und doch lebt der Heilige Geist in uns, im Krieg mit der sündigen Natur. Er bestätigt uns, dass wir Gottes Kinder sind und bleiben (Römer 6,15-16). Er weckt in uns den Wunsch und gibt uns die Kraft, ein neues Leben zu leben, das mehr und mehr die Frucht des Geistes aufweist. Die Bibel zählt die Frucht des Geistes in Galater 5,22-23 auf: *„Liebe, Freude, Friede, Geduld, Freundlichkeit, Güte, Treue, Sanftmut, Keuschheit."* In der nächsten Lektion werden wir uns Gottes Lösung in bezug auf die „fleischliche Natur" noch genauer anschauen.

2. Die Welt

In Johannes 17,13-19 betete Jesus für Seine Jünger und auch für uns, die wir Ihm später nachfolgen würden, dass sie vor „der Welt" bewahrt werden möchten. Im 1. Johannes 2,15-17 warnt der Apostel Johannes die Christen davor, „die Welt" zu lieben. In Vers 16 beschreibt er ihnen, was das bedeutet: *„Denn alles, was in der Welt ist, des Fleisches Lust und der Augen Lust und hoffärtiges Leben, ist nicht vom Vater, sondern von der Welt."*

Wir müssen uns über folgendes im klaren sein:

1. Der Ausdruck „die Welt" steht für alles, was das Resultat dessen ist, dass der Mensch auf die Versuchung Satans eingegangen ist und sich gegen Gott und Seine Herrschaft aufgelehnt hat.
2. Jesus warnte uns vor den Gefahren der Welt und betete für unseren Schutz. Wir andererseits sind verantwortlich dafür, dass wir das Verlangen unserer Herzen nicht auf die Welt ausrichten (1. Johannes 2,15).
3. Jesus wollte nicht, dass wir aus dieser Welt fliehen, sondern in ihr, aber nicht von ihr sind (Johannes 17,15-16).
4. Die Welt wird vergehen (1. Johannes 2,17).

3. Satan

Ein weiterer Feind, dem wir uns gegenübersehen, ist Satan und seine bösen Mächte. Er ist keinesfalls Gott gleichgestellt, sondern ist ein Geschöpf, das gegen seinen Schöpfer rebellierte. Seiner Rebellion schlossen sich viele Engel an und er nahm sie mit sich. Wie Paulus uns in Epheser 6 erklärt, sind wir zur Zeit mit Satan und den Mächten der Finsternis, über die er herrscht, im Krieg.

Weil Satan selbst nur ein Geschöpf ist, kann er nicht über die Grenzen hinaus wirksam sein, die Gott ihm gesetzt hat. Am Kreuz hat Jesus Satan und seine bösen Mächte entwaffnet und erniedrigt (Kolosser 2,15). Seine Autorität wurde gebrochen und die begrenzte Freiheit, die ihm jetzt noch gegeben ist, wird zu Ende gehen, wenn Jesus kommt und uns heimholt. Dann wird Christus das Endgericht über Satan und sein Reich ausüben (Offenbarung 20,7-10). Bis es soweit ist *„hat der Teufel einen grossen Zorn und weiss, dass er wenig Zeit hat"* (Offenbarung 12,12).

Durch den Glauben an Jesus Christus, der die Strafe für unsere Sünden voll bezahlt hat, sind wir frei von Satans Zugriff und kommen unter die Herrschaft Gottes. Durch die Kraft und die Gegenwart des Heiligen Geistes in unserem Leben können wir nun einen festen Stand einnehmen und Satan widerstehen.

✍ **Welche Probleme spricht Jakobus in Jakobus 4,1-3 an, und woher kommen sie?**

____

____

____

3. Tag: „Überwindung Satans"

☞ **Wochenvers zum Auswendiglernen: Römer 8,28**
Lies bitte: Epheser 6,10-18

In der heutigen Lektion wollen wir kurz anschauen, was uns die Bibel über den Sieg über unsere geistlichen Feinde lehrt. In der ersten Woche dieses Kurses (1. Woche , 1. Tag) sahen wir, dass wir als Christen, die noch immer in der Welt sind, mit den Folgen der gefallenen Schöpfung konfrontiert werden. Und nicht nur das, sondern wir müssen auch Satan und den bösen Mächten gegenübertreten sowie unserer sündigen Natur und dem Einfluss einer gottlosen Welt um uns herum. Die Bibel lehrt uns, das wir fortwährend in einem geistlichen Kampf stehen. Wenn wir unsere Feinde siegreich überwinden wollen, müssen wir uns ihrer Gegenwart bewusst sein und wissen, wie wir kämpfen sollen.

Überwindung Satans und der bösen Mächte
Um Satan und seine bösen Mächte zu überwinden, müsssen wir wissen und von ganzem Herzen glauben, was Paulus in Kolosser 2,13-15 geschrieben hat: *„Und er hat euch mit ihm lebendig gemacht, die ihr tot wart in den Sünden und in der Unbeschnittenheit eures Fleisches, und hat uns vergeben alle Sünden. Er hat den Schuldbrief getilgt, der mit seinen Forderungen gegen uns war, und hat ihn weggetan und an das Kreuz geheftet. Er hat die Mächte und Gewalten ihrer Macht entkleidet und sie öffentlich zur Schau gestellt und hat einen Triumph aus ihnen gemacht in Christus."*

Wir müssen Folgendes verstehen:
1. Zunächst müssen wir einmal wissen, dass *„Gott uns mit Christus lebendig gemacht hat"*. Wir sind nicht länger unter der Herrschaft Satans, sondern sind geistlich erweckt worden und unter die Herrschaft Gottes gekommen.
2. Wir müssen wissen und glauben, dass unsere Sünden am Kreuz vergeben wurden: *„Er hat den Schuldbrief getilgt, der mit seinen Forderungen gegen uns war, und hat ihn weggetan und an das Kreuz geheftet"* (Vers 14).
3. Wir müssen wissen und verstehen, dass Satan und die bösen Mächte, die gegen uns auftraten, entwaffnet und geschmäht wurden, als Jesus am Kreuz für unsere Sünden gestorben ist. Es war unsere Sünde, die uns ursprünglich unter die Herrschaft Satans gebracht hatte. Durch die Hinwegnahme unserer Sünde wurden wir vom Griff des Todes befreit und unter Gottes Herrschaft gebracht. Durch Jesu Tod am Kreuz zahlte Er für unsere Sünden, und wir sind wieder in die Gemeinschaft mit Gott zurückgekehrt (Vers 15).

Obwohl Satans Todesgriff über uns als Kinder Gottes zerbrochen ist, bleibt er doch bemüht, uns in Versuchungen, Leiden und Angriffen auf die verschiedensten Arten und Weisen zu schaden. Er bleibt ein Feind und muss ernst genommen werden. Wir werden gewarnt, uns seiner Schliche bewusst zu sein (Epheser 6,11; 1. Petrus 5,8-9).

Seid stark in dem Herrn
Deshalb schreibt Paulus in Epheser 6,10: *„Zuletzt, seid stark in dem Herrn und in der Macht seiner Stärke."* Die Bibel lehrt uns hier, in unserem Kampf gegen Satan stark zu sein. Wir sollen Jesus Christus vertrauen und dem, was Er für uns am Kreuz getan hat. In uns selbst werden wir nicht stark genug sein, um *„gegen die listigen Anschläge des Teufels zu bestehen"* (Epheser 6,11), wenn wir uns auf unsere intellektuellen, psychologischen oder physischen Fähigkeiten verlassen. Wir müssen wissen und von ganzen Herzen darauf vertrauen, dass Jesus uns wirklich von allen unseren Sünden gereinigt hat, uns in Sein Reich versetzt und die Macht Satans am Kreuz besiegt hat. Dies ist das Wichtigste, was wir bei der Überwindung Satans und der bösen Mächte wissen müssen. Damit *„ergreifen wir den Schild des Glaubens, mit dem wir alle feurigen Pfeile des Bösen auslöschen können"* (Epheser 6,16).

Das Werk des Heiligen Geistes
Der Heilige Geist, der in uns wohnt, ist immerzu am Werk. Er erinnert und befähigt uns, Gottes Wort zu glauben und Ihm zu gehorchen, wie wir bereits zuvor im Kolosserbrief, Kapitel 2, gelesen haben. *„Seid stark in dem Herrn und in der Macht seiner Stärke"* (Epheser 6,10) bedeutet auch, ganz bewusst vom Werk des Heiligen Geistes in unserem Leben abhängig zu sein. Genau an das erinnert uns auch das Vaterunser, wo es heisst: *„Und führe uns nicht in Versuchung, sondern erlöse uns von dem Bösen"* (Matthäus 6,13).

✍ **Lies bitte Matthäus 4,1-11 und beschreibe die Waffe, die Jesus gegen Satan eingesetzt hat, als Er in der Wüste versucht wurde:**

___

___

4. Tag: „Überwindung unserer sündigen Natur und der Welt“

☞ **Wochenvers zum Auswendiglernen: Römer 8,28**
Lies bitte: Galater 5,16-18; 1. Johannes 2,15-17

Wir sahen in der letzten Lektion, dass ein weiterer unserer Feinde unsere eigene sündige (fleischliche) Natur ist. Das ist vielleicht weniger leicht zu verstehen. Die Bibel lehrt uns, dass, obwohl wir Christen sind und der Heilige Geist in uns wohnt, die sündige Natur immer noch ein Teil unseres Wesens ist. Sie steht immer in direktem Widerspruch zu Gott und allem, was Er in unserem Leben tun möchte. Paulus sagt in Galater 5,17, dass dies der Grund ist, warum wir nicht fähig sind, all die richtigen Dinge zu tun, die wir tun wollen und sollen: *„Denn das Fleisch begehrt auf gegen den Geist und der Geist gegen das Fleisch; die sind gegeneinander, so dass ihr nicht tut, was ihr wollt.“* Doch es ist keine verlorene Schlacht!

Was wir erkennen müssen, ist, dass unsere fleischliche Natur durch den Glauben an Jesus Christus und Seinen Tod am Kreuz besiegt wurde. Wir wurden vor Gott gerecht gemacht, und trotz unserer unvollkommenen Beschaffenheit sind und bleiben wir gerecht vor Ihm (Römer 5,1). Wenn wir all die Fehler sehen, die wir in unserem Leben machen, ist dies für uns vielleicht schwer zu glauben, doch es ist deshalb nicht weniger wahr. Das meinten die Reformatoren im 16. Jahrhundert, als sie sagten: *„simul justus et pecator“*, was bedeutet, „gleichzeitig gerecht und ein Sünder zu sein“.

Doch obwohl es „keine Verdammnis gibt für die, die in Christus Jesus sind“ (Römer 8,1), spüren wir doch die immerwährende Gegenwart der sündigen Natur in unserem Leben. Dies ist ein Kampf, den wir fortwährend kämpfen müssen, und zwar in der Kraft des Heiligen Geistes.

Im Heiligen Geist wandeln
Nur einige Verse weiter in Galater 5 gibt Paulus uns zwei Schlüssel, mit denen wir die Schlacht gewinnen können. Als erstes ist der Heilige Geist beständig im Leben der Kinder Gottes am Werk „um das hervorzubringen, was *„Frucht des Geistes“* genannt wird (Galater 5,22-23a). Dazu gehören *„Liebe, Freude, Friede, Geduld, Freundlichkeit, Güte, Treue, Sanftmut und Keuschheit.“* Dies sind die wunderbaren Eigenschaften, die Gott in unser Leben einfügen will. Den anderen Schlüssel finden wir in Vers 25, wo es heisst: *„Wenn wir im Geist leben, so lasst uns auch im Geist wandeln.“* In anderen Worten: da wir durch den Heiligen Geist ewiges Leben bekommen haben, sollten wir logischerweise willig mit allem einiggehen, das Er in unserem Leben hervorbringen möchte.

Überwindung der Welt
In Johannes 17,15 betete Jesus für Seine Jünger und für alle, die nach ihnen noch kommen würden, dass wir vor „der Welt“ bewahrt bleiben möchten: *„Ich bitte dich nicht, dass du sie aus der Welt nimmst, sondern dass du sie bewahrst vor dem Bösen.“* Johannes spricht hier nicht von der Schöpfung, wenn er von der Welt spricht. Wir stehen nicht nur Satan und den bösen Mächten direkt gegenüber, sondern auch den Menschen, die unter seiner Herrschaft stehen, den Philosophien, Weltanschauungen und Wertsystemen, die er durchdrungen hat. In 1. Johannes 2,16 beschreibt der Apostel Johannes genau das, was die Bibel unter unserem geistlichen Feind versteht: *„Denn alles, was in der Welt ist, des Fleisches Lust und der Augen Lust und hoffärtiges Leben, ist nicht vom Vater, sondern von der Welt.“*

Durch Gott beschützt
Als erstes sehen wir in diesen Versen, dass Gott selbst persönlich daran beteiligt ist, uns vor dem Einfluss der Welt, in der wir leben, zu schützen. Es wird uns nicht gesagt, dass wir uns verstecken oder aus dieser Welt fliehen sollen. Ganz im Gegenteil: Jesus wurde in diese Welt gesandt, und es war und wird Sein Gebet bleiben, dass wir vor *„dem Bösen"* bewahrt bleiben. Die Antwort auf unseren Kampf gegen die Weltliebe ist in den zwei Versen gegeben, die vor und nach 1. Johannes 2,16 stehen: *„Habt nicht lieb die Welt noch was in der Welt ist. Wenn jemand die Welt liebhat, in dem ist nicht die Liebe des Vaters.... Und die Welt vergeht mit ihrer Lust; wer aber den Willen Gottes tut, der bleibt in Ewigkeit"* (1. Johannes 2,15,17).

Liebt den Vater
Zuerst wird uns gesagt, dass wir den Vater lieben sollen. Das erinnert uns an das wichtigste Gebot in Matthäus 22,37-39: *„Du sollst den Herrn, deinen Gott, lieben von ganzem Herzen, von ganzer Seele und von ganzem Gemüt."* Das bedeutet in erster Linie, Gott allein als unseren Herrn und König anzuerkennen. Weiter heisst es in Vers 17, dass wir uns darin üben sollen, den Willen Gottes zu tun. Wie wir in Kolosser 2 sahen, haben wir die Reiche gewechselt. Wir sind nicht länger ein Teil dieses Weltsystems, das unter Satans Herrschaft steht. Wir sind unter Gottes Herrschaft und unsere Lebensweise sollte dies auch nach aussen hin ganz klar zeigen.

Zusammengefasst können wir sagen: Wenn wir die Welt überwinden sollen, müssen wir den Vater lieben und Seinen Willen tun. Der Herr muss wirklich unser Herr sein, und wir müssen für Ihn leben.

✍ **Auf welche praktische Weisen können wir dem Befehl gehorchen: *„Liebt nicht die Welt und das, was in der Welt ist"?***

___

___

___

5. Tag: „Der Zweck der Probleme"

☞ **Wochenvers zum Auswendiglernen: Römer 8,28**

Lies bitte: Hebräer 12,4-11

Warum ich?
Hast du dich jemals gefragt, ob aus den negativen Erfahrungen in deinem Leben etwas Gutes kommen könnte? Wir alle erleben negative Dinge. Wir alle begegnen Schwierigkeiten und es ist sehr wichtig, dass wir sie so ansehen, wie Gott es tut. Die meisten Leute sprechen von ihren negativen Erfahrungen als „Unglück" oder „Schicksal". Die Bibel jedoch stellt ganz klar, dass es für einen Christen kein „Schicksal" oder „Unglück" gibt. Tatsache ist, dass uns die Bibel lehrt, dass Gott wunderbare Dinge für uns bereithält, wenn er erlaubt, dass Probleme unseren Weg kreuzen. Die Schrift ist voll von Beispielen von Männern und Frauen, die, obwohl sie nicht wussten und verstanden, was ihnen geschah, Gott vertrauten, dass *„alle Dinge zum Besten dienen, denen, die nach seinem Ratschluss berufen sind"* (Römer 8,28).

Gott hat einen Grund, Probleme in unserem Leben zu erlauben

1. Gott möchte, dass dein Glaube echt ist
1. Petrus 1,6-7: *„Dann werdet ihr euch freuen, die ihr jetzt eine kleine Zeit, wenn es sein soll, traurig seid in mancherlei Anfechtungen, damit euer Glaube als echt und viel kostbarer befunden werde als das vergängliche Gold, das durchs Feuer geläutert wird, zu Lob, Preis und Ehre, wenn offenbart wird Jesus Christus."*

Dein Glaube an Gott ist das kostbarste Gut in deinem Leben. Unser Leben besteht aus einer Mischung von vielen Gedanken, Erfahrungen und Empfindungen. Darüber, wo wir wirklich stehen, können wir schnell hinweggetäuscht werden. Wir mögen uns vielleicht selbst sehr wohl fühen und doch in einer schlechten Verfassung sein. Um uns dazu zu bringen, Ihm wirklich zu vertrauen und unseren Glauben echt zu machen, benutzt Gott oft die Methode, dass er Leiden in unserem Leben erlaubt. Während diesen Zeiten kommt die „Schlacke" aus der Tiefe an die Oberfläche. Unsere Motive und unsere wahre Haltung werden dann ersichtlich.

Wir alle laufen Gefahr, zu denken, dass wir in bestimmten Gebieten unseres Lebens Gott vertrauen und dabei in Wirklichkeit auf uns selbst bauen, auf Menschen oder Umstände. Doch Gott liebt uns so sehr, dass er dies nicht geschehen lassen möchte. Schwierigkeiten und Leiden werden von Gott benutzt, um uns zu läutern und echt zu machen. Das ist das Wichtigste!

2. „Damit ihr vollkommen und unversehrt seid"
Jakobus 1,2-4: *„Meine lieben Brüder, erachtet es für lauter Freude, wenn ihr in mancherlei Anfechtungen fallt, und wisst, dass euer Glaube, wenn er bewährt ist, Geduld wirkt. Die Geduld aber soll ihr Werk tun bis ans Ende, damit ihr vollkommen und unversehrt seid und kein Mangel an euch sei."*

Jeder normale Mensch möchte selbstverständlich *„vollkommen und unversehrt sein und keinen Mangel haben"*. Jeder Christ möchte gerne, dass sein Charakter, seine Persönlichkeit, Motive und Haltungen immer mehr umgestaltet werden *„nach dem Ebenbild dessen, der ihn geschaffen hat"* (Kolosser 3,10). Wie tut Gott das? Wieder sehen wir, dass Gott diese Dinge oft dadurch hervorbringen kann, dass er in unseren Leben *„mancherlei Anfechtungen"* zulässt. Gerade durch diese Anfechtungen werden wir stark und reif.

Athleten wissen genau: wenn sie Erfolg haben wollen, müssen sie die Anforderungen ihres Trainings immer höher schrauben. Nach und nach müssen sie die Gewichte, die sie heben, verstärken, die Distanzen, die sie laufen, verlängern, und die Zeiten, in denen sie diese Distanzen laufen, müssen immer kürzer werden. Erst wenn sie ihre Körper zwingen, die Hindernisse zu überwinden, werden sie sich entwickeln. Wir alle waren vielleicht schon einmal auf Athleten ein bisschen neidisch wegen ihrer so gut trainierten Körper. Aber keiner von uns würde sie wohl um all die Anstrengungen und Schmerzen beneiden, durch die sie in ihrer Entwicklung gegangen sind.

3. Damit ihr lernt, in der richtigen Weise für Gott zu leben und Sünde zu überwinden

Davon spricht auch der Schreiber des Hebräerbriefes, als er die ersten Christen ermutigte, „Schwierigkeiten als Erziehungsmassnahmen durchzustehen".

Hebräer 12,4-11: *„Im Kampf gegen die Sünde…(7) dient es zu eurer Erziehung, wenn ihr dulden müsst. Wie mit seinen Kindern geht Gott mit euch um; denn wo ist ein Sohn, den der Vater nicht züchtigt? (11) Jede Züchtigung aber, wenn sie da ist, scheint uns nicht Freude, sondern Leid zu sein; danach aber bringt sie als Frucht denen, die dadurch geübt sind, Frieden und Gerechtigkeit."*

Gott benutzte negative Umstände, um ihren Charakter zu formen und um ihnen die richtige Lebensweise beizubringen („*sie bringen als Frucht Gerechtigkeit*"). Genauso gebraucht Gott in unserem Leben negative Situationen, um uns zu helfen, die Dinge zu sehen, wie sie wirklich sind, und uns davor zu bewahren, mit der Sünde zu spielen.

4. Damit ihr andere trösten könnt

2. Korinther 1,3-4: *„Gelobt sei Gott, der Vater unsres Herrn Jesus Christus, der Vater der Barmherzigkeit und Gott allen Trostes, der uns tröstet in aller unserer Trübsal, damit wir auch trösten können, die in allerlei Trübsal sind, mit dem Trost, mit dem wir selber getröstet werden von Gott."*

Eine der kostbarsten Erfahrungen, die wir als Menschen machen können, ist, andere, die leiden, zu trösten und ihnen zu dienen. Doch Trost zu geben und den Verletzten zu dienen, wie Paulus hier sagt, kann man nicht in einem Klassenzimmer lernen oder durch das Lesen eines Buches. Somit erlaubt Gott, dass wir durch schmerzliche Erfahrungen und Situationen hindurchgehen dürfen, damit unser Dienst an Bedürftigen nicht nur auf menschliche Sympathien aufgebaut ist, sondern das Ergebnis des göttlichen Werkes Gottes in unserem Leben ist.

✍ **In 2. Korinther 1,8-9 beschreibt Paulus einige negative Umstände in seinem Leben. Was lernte Paulus durch diese Schwierigkeiten?**

____

____

____

1. Tag: „Das Wirken des Heiligen Geistes in der Welt“

☞ **Wochenvers zum Auswendiglernen: Römer 8,14; 1. Korinther 12,4**
Lies bitte: Apostelgeschichte 17,16-34

Der Heilige Geist und die Schöpfung
In dieser Woche wollen wir uns als erstes mit dem beschäftigen, was die Bibel uns über das Wirken des Heiligen Geistes in uns und in der Welt um uns herum lehrt. Als Paulus in Athen seine Rede auf dem Aeropag hielt, sprach er zu den modernen Intellektuellen und bat sie, sich die Welt um sie herum anzuschauen. Diese Griechen von damals waren vielen von uns heute sehr ähnlich. In Apostelgeschichte 17, 24.26-28 sagt er zu ihnen: *„Gott, der die Welt gemacht hat und alles, was darin ist, er, der Herr des Himmels und der Erde, wohnt nicht in Tempeln, die mit Händen gemacht sind. Und er hat aus einem Menschen das ganze Menschengeschlecht gemacht, damit sie auf dem ganzen Erdboden wohnen... damit sie Gott suchen sollen, ob sie ihn wohl fühlen und finden könnten; und fürwahr, er ist nicht ferne von einem jeden unter uns. Denn in ihm leben, weben und sind wir.“* Paulus forderte die Leute auf, sich umzuschauen und im Sichtbaren den Beweis von Gottes wunderbarem Schöpfungswerk zu erkennen und an Ihn zu glauben.

Der Heilige Geist ist in der Schöpfung am Werk, Er erhält sie und beweist so Gottes Allmacht und Treue. Würde Er auch nur einen Augenblick damit aufhören, die Schöpfung zu erhalten und zu erneuern, würde sie und würden wir zu Staub werden. Hiob 34,14-15 sagt: *„Wenn er nur an sich dächte, seinen Geist und Odem an sich zöge, so würde alles Fleisch miteinander vergehen, und der Mensch würde wieder zu Staub werden.“* Obwohl wir in einer Welt leben, in welcher der Mensch durch Sünde schon viel Schaden angerichtet hat, ist sie noch immer ein Beweis der Liebe und Weisheit Gottes.

In der vergangenen Woche haben wir gesehen, dass wir vielen Problemen gegenüberstehen, die dadurch verursacht wurden, dass wir in einer gefallenen Schöpfung leben. Doch der Herr geht einen Schritt weiter. Er ist in dieser Welt gegenwärtig, um zu heilen. Jakobus 5,13-15 sagt: *„Leidet jemand unter euch, der bete; ... Ist jemand unter euch krank, der rufe zu sich die Ältesten der Gemeinde, dass sie über ihm beten und ihn salben mit Öl in dem Namen des Herrn. Und das Gebet des Glaubens wird dem Kranken helfen, und der Herr wird ihn aufrichten; und wenn er Sünden getan hat, wird ihm vergeben werden.“* In der ganzen Apostelgeschichte sehen wir, dass es für die ersten Christen selbstverständlich war, für die Kranken zu beten, und dass sie dann auch geheilt wurden. Dies ist auch heute, in unserer Zeit, ein Teil des Wirkens des Heiligen Geistes, und deshalb sollen wir fortfahren, im Glauben für die Kranken zu beten.

Die Ausgiessung des Heiligen Geistes wurde schon im Alten Testament verheissen
Der Heilige Geist ist für mehr als nur für die Erhaltung der Schöpfung zuständig. Gott schuf den Menschen in Seinem Ebenbild, als Ausdruck Seiner göttlichen Liebe. Und so wie Er den Menschen schuf, damit dieser in Gemeinschaft mit Ihm leben sollte, ist Er in unserem Leben wirksam durch den Heiligen Geist. Der Heilige Geist ist in wunderbarer Weise am Wirken, indem Er Menschen zu Gott zieht und durch Gottes Kinder dient, damit sie anderen zum Segen werden.

Am Pfingsttag, als der Heilige Geist auf die ersten Christen ausgegossen wurde (Apostelgeschichte 2,1-13), zitierte der Apostel Petrus den alttestamentlichen Propheten Joel, der davon sprach, wie der Heilige Geist in und durch die Leben Seiner Kinder wirken würde.

Joel 3,1-2: *„Und nach diesem <u>will ich meinen Geist ausgiessen über alles Fleisch</u>, und eure Söhne und Töchter sollen weissagen, eure Alten sollen Träume haben, und eure Jünglinge sollen Gesichte sehen. Auch will ich zur selben Zeit über Knechte und Mägde* *meinen Geist ausgiessen."*

Gemäss dem Propheten Joel würden nicht nur einige Auserwählte Empfänger des Wirkens des Heiligen Geistes sein, sondern alle Kinder Gottes würden diese Erfahrung machen. Ohne Rücksicht auf Alter, Geschlecht oder sozialen Status würde Gott Seinen Geist auf alle ausgiessen."

Jesus versprach den Heiligen Geist
Um das baldige Kommen des Heiligen Geistes vorzubereiten, das durch den Propheten Joel vorausgesagt war, kündigte Jesus Seinen Jüngern eines Tages an, dass er sie in Bälde verlassen würde (Johannes 13,33). Sie hatten alle ihre Hoffnungen und Bestrebungen auf Jesus gesetzt und hatten erwartet, dass er ein irdisches Königreich errichten würde, in dem sie, als Seine Jünger, selbstverständlich eine wichtige Rolle spielen würden. Diese Hoffnungen zerschlugen sich, als Er ihnen Seinen baldigen Abschied von dieser Welt ankündigte. Doch Jesus tröstete sie und versprach ihnen, dass Er den Vater bitten würde, ihnen den Tröster, den Heiligen Geist zu senden. Johannes 16,7: *„Aber ich sage euch die Wahrheit: Es ist gut für euch, dass ich weggehe. Denn wenn ich nicht weggehe, kommt der Tröster nicht zu euch. Wenn ich aber gehe, will ich ihn zu euch senden."*

Er sagte ihnen dann, was dieser Tröster tun würde
Johannes 16,8: *„Und wenn er kommt, wird er der Welt die Augen auftun über die Sünde und über die Gerechtigkeit und über das Gericht." Jesus sagte, dass:*

1. Der Heilige Geist die Welt von Sünde und Schuld überführen würde, die darin besteht, dass sie nicht an Ihn glaubt. Es ist allein das Verdienst des Heiligen Geistes, dass wir unsere Sünde und Schuld vor einem heiligen Gott erkennen und unser Vertrauen auf Jesus setzen können, der uns von aller Schuld reinigt.

2. Der Heilige Geist uns klarmacht, dass wir durch den Glauben an Jesus Christus gerecht gemacht wurden und Frieden mit Gott haben. Ohne dass uns der Heilige Geist die Augen dafür öffnet, bleiben wir blind für diese Tatsachen.

3. Der Heilige Geist uns die Wahrheit aufschliesst, dass Satan durch Jesu Sterben am Kreuz besiegt worden ist.

Das Werk des Heiligen Geistes auf diesen drei Ebenen ist weit mehr als nur intellektuelles Wissen um diese geistliche Wahrheit. Es ist der Glaube und die Gewissheit, von denen Hebräer 11,1 spricht.

✍ **Inwiefern sind wir vom Heiligen Geist abhängig, wenn wir mit anderen über Jesus Christus sprechen?**

____

____

2. Tag: „Der Heilige Geist lebt in uns“

Wochenvers zum Auswendiglernen: Römer 8,14; 1. Korinther 12,4
Lies bitte: Römer 8,9-16

Der Heilige Geist lebt in uns
Römer 8,11: *„Wenn nun der Geist dessen, der Jesus von den Toten auferweckt hat, in euch wohnt, so wird er, der Christus von den Toten auferweckt hat, auch eure sterblichen Leiber lebendig machen durch seinen Geist, der in euch wohnt“.*

Während dieses Kurses haben wir bereits gesehen, dass Jesus uns aus dem Reich der Finsternis nimmt, wenn wir unser Vertrauen auf Ihn setzen. Wir kommen ins Reich Gottes oder ins Reich des Lichts. Es findet ein Wechsel der Reiche statt. Im folgenden Vers spricht Paulus in seiner Rede an König Agrippa in Cäsarea von dem Auftrag, den Gott ihm gab:

„ Und ich will dich erretten von deinem Volk und von den Heiden, zu denen ich dich sende, um ihnen die Augen aufzutun, dass sie sich bekehren von der Finsternis zum Licht und von der Gewalt des Satans zu Gott. So werden sie Vergebung der Sünden empfangen und das Erbteil samt denen, die geheiligt sind durch den Glauben an mich“ (Apostelgeschichte 26,17-18).

Durch den Glauben an Jesus Christus empfangen wir Vergebung der Sünden Er macht uns vor Gott gerecht (Römer 3,28), und wir werden befreit aus dem Reich der Finsternis. Wir kommen in eine lebendige Gemeinschaft mit Gott und werden Teil Seines Reichs des Lichts. Der Heilige Geist, den Gott gesandt hat, macht uns diese wunderbaren Tatsachen lebendig und bewusst. Paulus sagt im 1. Korinther 6,19, dass unser Leib der Tempel des Heiligen Geistes ist. Weil der Heilige Geist jetzt in uns lebt, werden uns einige wichtige Tatsachen ganz klar.

Der Heilige Geist bestätigt uns, dass wir Gottes Kinder sind
Wir können nun mit Gewissheit sagen, dass wir Gottes Kinder sind. In unserem ständigen Kampf mit unserer sündigen Natur, mit Satan und der Welt, sind wir immer wieder konfrontiert mit unseren Unzulänglichkeiten, Zweifeln und Ängsten. Wegen all dieser Dinge können wir leicht in Unsicherheit geraten, ob unsere Sünden wirklich vergeben sind, ob wir vor Gott wirklich gerechtgemacht worden sind, und ob wir aus dem Reich der Finsternis herausgerettet und ins Reich des Lichts versetzt worden sind und nun Gott gehören. Gott, in Seiner grossen Liebe, hat es nicht uns selbst überlassen, für uns zu sorgen. Römer 5,5 sagt uns: *„denn die Liebe Gottes ist ausgegossen in unsre Herzen durch den Heiligen Geist, der uns gegeben ist.“* Es ist der Heilige Geist in uns, der uns beständig versichert, dass Gott uns liebt, uns vergeben und angenommen hat.

Der Heilige Geist und die gefallene Schöpfung
Der Heilige Geist gibt uns nun auch die Kraft, die Entbehrungen auszuhalten, die auf uns als Teil einer gefallenen Schöpfung zukommen. In der letzten Lektion haben wir gesehen, dass die ganze Schöpfung mit uns leidet. Sie sehnt sich nach dem Tag, an dem Jesus wiederkommen und einen neuen Himmel und eine neue Erde schaffen wird. Bis dahin hat uns Gott Seinen Heiligen Geist als *„Erstlingsgabe“* geschenkt, wie es Paulus in Römer 8,23 sagt. Er ist hier, um uns zu halten und zu stärken, und ermutigt uns, in den Problemen und Leiden, die uns konfrontieren, durchzuhalten.

2. Korinther 1,21-22: *„Gott ist's aber, der ...uns gesalbt und versiegelt und in unsre Herzen als Unterpfand den Geist gegeben hat.“*

Der Heilige Geist gibt uns die Kraft, ein neues Leben zu führen
Paulus schreibt in Galater 5,25: *„Wenn wir im Geist leben, so lasst uns auch im Geist*

wandeln." Da der Heilige Geist, der in uns lebt, unseren Geist lebendig gemacht hat, sollten wir uns Seiner Führung unterstellen. Wir sollten so leben, wie es sich für solche gehört, die in das Reich des Lichts versetzt worden sind. Paulus sagt in dem oben erwähnten Vers, dass wir „mit dem Heiligen Geist wandeln sollen". Es ist der Heilige Geist, der uns die Kraft gibt, ein neues Leben zu führen. Er möchte in unserem Leben die Frucht des Geistes wirken. Galater 5,22-23: *„Die Frucht aber des Geistes ist Liebe, Freude, Friede, Geduld, Freundlichkeit, Güte, Treue, Sanftmut, Keuschheit."*

Unser Leib ist ein Tempel des Heiligen Geistes

1. Korinther 6,19-20: *„Oder wisst ihr nicht, dass euer Leib ein Tempel des heiligen Geistes ist, der in euch ist und den ihr von Gott habt, und dass ihr nicht euch selbst gehört? Denn ihr seid teuer erkauft; darum preist Gott mit eurem Leibe."*

Wir müssen uns bewusst sein, dass unser Körper ein Tempel des Heiligen Geistes ist. Wir müssen unsere ganze Person - und besonders unseren Körper - als Eigentum Gottes sehen. Er soll ihn gebrauchen zu Seiner Ehre und Verherrlichung. Was wir mit unserem Körper tun, widerspiegelt unsere ganze Persönlichkeit. Unser Leben sollte Tag für Tag unsere Dankbarkeit Gott gegenüber ausdrücken, für das, was er für uns getan hat, tut und tun wird.

✍ **Schreibe aus dieser Lektion zwei Dinge auf, in denen wir vom Heiligen Geist abhängig sind.**

____

____

Auf welche Weise können wir ganz praktisch *mit dem Heiligen Geist Schritt halten?* (Galater 5,25)

____

____

3. Tag: „Mit dem Heiligen Geist erfüllt sein“

☞ **Wochenvers zum Auswendiglernen: Römer 8,14; 1.Korinther 12,4**
Lies bitte: Apostelgeschichte 2,1-13

In dieser Lektion wollen wir anschauen, was wir von der ersten Gemeinde lernen können, und welche Erfahrungen sie machte, um zu verstehen, wie wichtig es ist, mit dem Heiligen Geist erfüllt zu sein.

Jesus wies die Jünger an, in Jerusalem zu warten
Bevor die Jünger den Missionsbefehl aus Matthäus 28,19-20 ausführen sollten, wies Jesus sie an, in Jerusalem zu warten, bis sie den Heiligen Geist empfangen hätten (Apostelgeschichte 1,4). Sie waren keine selbstbewussten Jünger, die dachten, sie würden es schon alleine schaffen. Diese Männer und Frauen wussten, dass sie ohne Gottes Vollmacht weder den feindlichen Angriffen standhalten, noch das Reich Gottes bauen konnten, wie Er es ihnen befohlen hatte.

Welches sind der Zweck und die Bedeutung der Erfüllung mit dem Heiligen Geist?
In Apostelgeschichte 1,8 sagte Jesus Seinen Jüngern folgendes: *„Ihr werdet die Kraft des heiligen Geistes empfangen, der auf euch kommen wird, und werdet meine Zeugen sein in Jerusalem und in ganz Judäa und Samarien und bis an das Ende der Erde.“*

Als dies etwa zwei Wochen später eintraf, beschreibt Lukas das Kommen des Heiligen Geistes auf sie in Apostelgeschichte 2,4: *„Und sie wurden alle erfüllt von dem heiligen Geist...“*. Aus diesem Vers werden zwei Dinge ersichtlich: Erstens bezog sich das Erfülltwerden mit dem Heiligen Geist auf eine Kraft, die ihnen von Gott gegeben wurde, und zweitens sollte sie diese Kraft zu einem bevollmächtigten Dienst ausrüsten.

Dieser Dienst begann, als die hundertzwanzig, die sich im Obergemach versammelt hatten, in neuen Sprachen zu sprechen begannen und das Evangelium denen verkündigten, die zum Pfingstfest nach Jerusalem gekommen waren. Im 1.Korinther 14 lehrt Paulus ausführlicher über diese Gabe des Redens in anderen Sprachen. Doch war dies der Zeitpunkt, an dem die ersten Christen mit dieser Gabe ausgerüstet wurden, um den Leuten zu dienen, die sich dort aus aller Welt versammelt hatten.

Das Auswirkung der Erfüllung mit dem Heiligen Geist bei den Jüngern
Als die hundertzwanzig mit dem Heiligen Geist erfüllt wurden, wie es uns in Apostelgeschichte 2 berichtet wird, fand eine dramatische Wandlung in ihnen statt. Männer, die vorher scheu und voller Furcht waren, begannen, mutig die frohe Botschaft von Jesus Christus zu verkündigen! Obwohl die Juden ihren Lehrer und Meister verurteilt und die Römer Ihn Tage zuvor gekreuzigt hatten, traten sie jetzt ohne jegliche Furcht für Ihn in der Öffentlichkeit ein. Das Ergebnis ihrer Erfüllung mit dem Heiligen Geist war eine übernatürliche Fähigkeit, denen zu dienen, die sich von überall her in Jerusalem versammelt hatten. Auch besassen sie eine übernatürliche Kühnheit, diesen Dienst auszuführen.

In Apostelgeschichte 2,14-41 können wir lesen, wie Petrus, der Wochen zuvor verleugnet hatte, dass er Jesus überhaupt kannte, nun zu Tausenden von Leuten predigte und dabei sein eigenes Leben aufs Spiel setzte. Offensichtlich hatte in seinem Leben eine drastische Wandlung stattgefunden! Unsere Fähigkeit, erfolgreich zu dienen, hängt von der Erfüllung des Heiligen Geistes ab. Es ist heute nicht anders, als es in den Tagen der ersten Christen war.

Sie wurden mehr als einmal mit dem Heiligen Geist erfüllt
Für uns ist es interessant und wichtig, festzustellen, dass die Erfüllung mit dem Heiligen Geist nicht eine einmalige Erfahrung war. Das geschieht immer und immer wieder. Wir

lesen zum Beispiel in Apostelgeschichte 4,23-31, dass, nachdem Petrus und Johannes aus dem Gefängnis entlassen worden waren, die Gemeinde auf das Drohen der jüdischen Obersten reagierte, indem sie folgendermassen betete: *„Und nun, Herr, sieh an ihr Drohen und gib deinen Knechten, mit allem Freimut zu reden dein Wort"* (Vers 29). Wir lesen dann in Vers 31, wie Gott auf ihr Gebet antwortete: *„Und als sie gebetet hatten, erbebte die Stätte, wo sie versammelt waren; und sie wurden alle vom heiligen Geist erfüllt und redeten das Wort Gottes mit Freimut."*

Der Heilige Geist erfüllte wiederum dieselben Menschen, die Er erst wenige Tage zuvor erfüllt hatte. Sie begannen erneut, kühn und wirkunsvoll zu dienen. Diese Erfahrung würden sie nicht nur einmal machen, sondern immer wieder.

Auch wir müssen immer wieder erfüllt werden
In Epheser 5,18 schreibt Paulus: *„Und sauft euch nicht voll Wein, woraus ein unordentliches Wesen folgt, sondern lasst euch vom Geist erfüllen."* Der Ausdruck, den Paulus hier im Griechischen für *„erfüllen"* gebraucht, hat drei wichtige Bedeutungen, die wir uns merken sollten:

1. Es ist etwas, das wir <u>geschehen lassen</u> sollen. Wir können es nicht selbst einleiten und in Bewegung setzen. Es ist Gottes Wunsch und Absicht, uns zu erfüllen, und wir sollen es geschehen lassen.

2. Es geschieht in Form einer Aufforderung, die an unsere Verantwortlichkeit appelliert, es geschehen zu lassen. Wenn wir es geschehen lassen können, können wir auch verhindern, dass es geschieht.

3. Weiter wird klar, dass das Erfülltwerden mit dem Heiligen Geist immer und immer wieder geschehen soll. Wie wir in Apostelgeschichte 4 sahen, sollte es nicht ein einmaliges Erlebnis bleiben.

Die Mittel, die wir zur persönlichen Verfügung haben, sind nicht unbeschränkt. Wir sind völlig abhängig vom Heiligen Geist, dass Er uns erfüllt und uns befähigt, die Aufgaben auszuführen, die Er uns gibt. Die ersten Christen wandten sich immer wieder an Gott, um mit dem Heiligen Geist erfüllt zu werden. Wir müssen dasselbe tun! Genauso, wie wir immer wieder Nahrung aufnehmen müssen, um unsere körperliche Kraft zu erhalten, müssen wir es dem Heiligen Geist erlauben, uns immer wieder zu erfüllen, um geistlich stark zu bleiben.

Lies bitte Lukas 11,13 und schreibe auf, wie und warum wir den Heiligen Geist empfangen können.

____

____

____

Warum ist es wichtig für uns, immer wieder mit dem Heiligen Geist erfüllt zu werden?

____

____

Jetzt wäre ein guter Moment, Gott um die Erfüllung mit dem Heiligen Geist zu bitten, damit du die Aufgaben, die Er dir aufgetragen hat, erfolgreich ausführen kannst!

4. Tag: „Das Wirken des Heiligen Geistes in der Gemeinde"

☞ **Wochenvers zum Auswendiglernen: Römer 8,14; 1. Korinther 12,4**
Lies bitte: 1. Korinther 12,4-11; Römer 12,3-8

Wenn wir Kinder Gottes werden, werden wir Glieder am Leib Christi, der Gemeinde. Nach Epheser 4,16 geschieht das Wachstum und Reifwerden der Gemeinde durch das Wirken des Heiligen Geistes. Er wirkt in der Gemeinde als Ganzes und in jedem einzelnen Glied. *„Von dem aus der ganze Leib zusammengefügt ist und ein Glied am andern hängt durch alle Gelenke, wodurch jedes Glied das andere unterstützt nach dem Mass seiner Kraft und macht, dass der Leib wächst und sich selbst aufbaut in der Liebe."*

Damit der Leib Christi gut funktionieren kann, gibt uns der Heilige Geist Gaben, die wir im Dienst aneinander gebrauchen sollen. Die Gemeinde ist kein Klub. Sie ist auch keine Gruppe von Leuten, die ihr Bestes tun, um miteinander auszukommen. Sie besteht aus Kindern Gottes, die der Heilige Geist leitet und mit Gaben ausrüstet, um das Reich Gottes in der Welt zu bauen. Dieses übernatürliche Werk erfordert eine Gemeinde, die mit übernatürlichen Gaben ausgerüstet ist.

Die Bedeutung einiger Gaben, die im Neuen Testament erwähnt sind
In seinen Briefen an verschiedene Gemeinden führt Paulus die Gaben des Heiligen Geistes auf. Obwohl diese Aufzählungen nicht identisch sind, ergänzen sie sich. Im 1. Korinther 12,8-10 werden zum Beispiel folgende Gaben erwähnt:

- <u>Die Gabe der Weisheit und der Erkenntnis</u>: Für Verständnis und für das Treffen von Entscheidungen.
- <u>Die Gabe des Glaubens</u>: Um besonderen Bedürfnissen innerhalb der Gemeinde begegnen zu können.
- <u>Die Gabe der Heilung</u>: Für die Kranken.
- <u>Die Gabe, Wunder zu wirken</u>: Als ein Zeugnis von Gottes Allmacht.
- <u>Die Gabe der prophetischen Rede</u>: Um Gottes Gedanken Seiner Gemeinde kundzutun.
- <u>Die Gabe der Geisterunterscheidung</u>: Um zwischen echten und falschen Geistern, Weissagungen und Propheten unterscheiden zu können.
- <u>Die Gabe, in anderen Sprachen reden zu können (Zungenrede)</u>: Hier als ein Teil des Gottesdienstes, aber auch als Gabe, die zum Aufbau des einzelnen im Gebet gegeben ist und an dem sich alle Gläubigen erfreuen sollen.
- <u>Die Gabe der Auslegung der Sprachen</u>: Um der Gemeinde die Botschaft der Sprachenrede verständlich zu machen.

Der Heilige Geist gibt, wie er will
1. Korinther 12,11: *„Dies alles aber wirkt derselbe eine Geist und teilt einem jeden das Seine zu, wie er will."*

Die Gaben des Heiligen Geistes stehen nicht einfach zu unserer Verfügung, sondern sind, wie es der Ausdruck schon sagt, <u>Gaben</u> des Heiligen Geistes. Der Heilige Geist mag uns in wiederholter Weise gebrauchen, doch können wir die Gaben nicht besitzen. Er teilt sie aus, wie er will, um damit den auftretenden Bedürfnissen zu begegnen. Somit bleiben wir in der Abhängigkeit von Ihm, denn wir haben keinen Vorrat an Vollmacht oder Gaben, auf den wir bei Bedarf zurückgreifen können. Wir können Ihm nur erlauben, uns immer wieder zu erfüllen und zu gebrauchen.

Einheit in Verschiedenheit
Ein grosses Problem in der Gemeinde in Korinth bestand darin, dass sie meinten, gewisse Gaben, wie beispielsweise die Sprachenrede, seien besser oder geistlicher als andere.

Anstatt dem Heiligen Geist zu erlauben, ihnen zu geben, wie er wollte, wurden sie entweder stolz darauf, diese Gabe zu besitzen, oder fühlten sich benachteiligt, wenn sie ihnen nicht gegeben war. Paulus aber schreibt, dass alle Glieder den Leib Christi ausmachen und jedes mit seinen besonderen Fähigkeiten einen Beitrag leistet.
1. Korinther 12,12: *„Denn wie der Leib einer ist und doch viele Glieder hat, alle Glieder des Leibes aber, obwohl sie viele sind, doch ein Leib sind: so auch Christus."* Vers 17: *„Wenn der ganze Leib Auge wäre, wo bliebe das Gehör? Wenn der ganze Leib Gehör wäre, wo bliebe der Geruch?"*

Wir haben die natürliche Tendenz, uns mit anderen zu vergleichen. Dies kann auf gewissen Gebieten unseres Lebens hilfreich sein, aber im Reich Gottes ist es das nicht. Es ist nicht unsere Aufgabe, zu entscheiden, wie hoch wir auf der geistlichen Leiter emporgeklettert sind, indem wir vergleichen, welche Gaben uns der Heilige Geist gegeben hat. Im 1. Korinther 12,22 heisst es: *„Vielmehr sind die Glieder des Leibes, die uns die schwächsten zu sein scheinen, die nötigsten."*

Was wir zu tun haben
Als Glieder am Leib Christi wissen wir, dass Gott uns gebrauchen will. Das hängt nicht davon ab, wieviele Jahre wir schon Christ sind, sondern einfach davon, dass wir ein Kind Gottes sind. Wir sollten danach streben, dass Gott uns gebrauchen kann, und offen und bereit sein, uns die Gaben schenken zu lassen, um anderen Menschen zu dienen.

Hier müssen wir uns noch einmal Epheser 5,18b-19 in Erinnerung rufen: *„Lasst euch vom Geist erfüllen. Ermuntert einander mit Psalmen und Lobgesängen und geistlichen Liedern, singt und spielt dem Herrn in euren Herzen"* (d.h. dient in der Vollmacht des Heiligen Geistes).

✍ **Bitte lies 1. Korinther 12,4-11 sorgfältig durch und schreibe in deinen eigenen Worten auf, warum Gott die in diesen Versen erwähnten Gaben ausgeteilt hat.**

____

____

____

5. Tag: „Das vielfältige Werk des Heiligen Geistes“

Wochenvers zum Auswendiglernen: Römer 8,14; 1. Korinther 12,4
Lies bitte: Epheser 1,16-23

In dieser letzten Lektion wollen wir kurz zusammenfassen, auf welche Art und Weise der Heilige Geist in uns und durch uns wirkt.

Der Heilige Geist wirkt in der Schöpfung
Psalm 104,30 zeigt uns das fortwährende Wirken des Heiligen Geistes in der Schöpfung, trotz der Sünde, die den Menschen von Gott trennt. *„Du sendest aus deinen Odem, so werden sie geschaffen, und du machst neu die Gestalt der Erde.“* Ist es nicht wunderbar zu wissen, dass in dieser geschlagenen, gefallenen und verwirrten Welt, in der wir leben, Gott am Wirken bleibt, indem Er sie erhält und sogar erneuert und so dem Menschen ein fortwährendes Zeugnis Seiner Liebe und Treue gibt? Wie es Paulus in Apostelgeschichte 17,27 ausdrückt: *„Gott hat es getan... damit (die Menschen) Gott suchen sollen, ob sie ihn wohl fühlen und finden könnten; und fürwahr, er ist nicht ferne von einem jeden unter uns.“*

Der Heilige Geist wirkt in den Herzen der Ungläubigen
Wir sahen in Johannes 16,8-11, dass der Heilige Geist unsere Herzen öffnet, damit wir erkennen, wer Gott ist, und was Er für uns durch Jesus Christus getan hat, aber auch, damit wir unseren sündigen Zustand vor Gott wahrnehmen können. In Apostelgeschichte 16,14 lesen wir von Lydia, einer Geschäftsfrau, die der Predigt von Paulus zuhörte und das Wirken des Heiligen Geistes in ihrem Leben erfahren durfte: *„Der Herr tat ihr das Herz auf, so dass sie darauf achthatte, was von Paulus geredet wurde.“* Genau das tut der Heilige Geist in unseren Herzen und macht so möglich, dass wir Gott im Glauben erfassen können. Diese wunderbare Gabe des Glaubens wird uns durch den Heiligen Geist geschenkt, genauso, wie Er sie damals Lydia schenkte. Epheser 2,8 sagt: *„Denn aus Gnade seid ihr selig geworden durch Glauben, und das nicht aus euch: Gottes Gabe ist es.“*

Der Heilige Geist wirkt durch die Heilige Schrift

Er inspirierte sie:
2. Timotheus 3,16-17: *„Denn alle Schrift, von Gott eingegeben, ist nütze zur Lehre, zur Zurechtweisung, zur Besserung, zur Erziehung in der Gerechtigkeit, dass der Mensch Gottes vollkommen sei, zu allem guten Werk geschickt.“*

2. Er fährt fort, durch sie zu wirken:
Epheser 6,17: *„Und nehmt das Schwert des Geistes, welches ist das Wort Gottes.“* Paulus zeigt hier, dass der Heilige Geist ohne Unterlass durch das Wort Gottes wirkt, sodass wir im geistlichen Kampf feststehen können.

3. Der Heilige Geist fährt fort, Jesus zu offenbaren:
Der Heilige Geist ermöglicht uns, zu erkennen, dass Jesus Christus wirklich der Sohn Gottes ist, der kam, um für unsere Sünden zu sterben. Er befähigt uns, unser Vertrauen für unsere Errettung allein auf Ihn zu setzen. Doch einer der wichtigsten Dienste des Heiligen Geistes ist, dass Er unsere Herzen und Sinne fortwährend öffnet, damit wir Jesus besser kennenlernen können (Johannes 16,13-14).

Bitte lies Epheser 1,16-19 sorgfältig durch und schreibe mindestens drei Dinge auf, für die Paulus gebetet hat, die der Heilige Geist in den Leben jener Christen bewirken sollte:

____

____

Warum lebt der Heilige Geist in uns?

1. Um uns Seiner Kindschaft auch bei Versagen und Zweifeln zu versichern
Wenn wir versagen, wäre es da nicht völlig verständlich, wenn uns Gott verstossen würde? Doch die wunderbare Tatsache des Evangeliums ist, dass Er das nicht tut! Er vergibt uns unsere Sünden und versichert uns immer wieder, dass wir mit Ihm, unserem himmlischen Vater, in Gemeinschaft leben dürfen.

✍ **Bitte lies Römer 8,15-16 und notiere auf den nachfolgenden Zeilen, was der Heilige Geist in unseren Herzen wirken will.**

____

____

____

2. Um uns beim Beten zu helfen
Römer 8,26: *„Desgleichen hilft auch der Geist unserer Schwachheit auf. Denn wir wissen nicht, was wir beten sollen, wie sich's gebührt; sondern der Geist selbst vertritt uns mit unaussprechlichem Seufzen." Der Heilige Geist vertritt uns bei Gott und hilft uns, zu beten, selbst wenn wir schwach sind.*

Eine der Möglichkeiten, durch die der Heilige Geist uns beim Beten hilft, ist die Gabe der Sprachenrede. Die ersten Christen empfingen die Gabe der Sprachenrede, ohne sie selbst zu verstehen (Apostelgeschichte 2,4). Mit dieser Gabe konnten sie der Menschenmenge dienen, die damals in Jerusalem versammelt war. Wie wir dann aber durch die ganze Apostelgeschichte hindurch feststellen, redeten die Christen immer in anderen Sprachen, wenn sie mit dem Heiligen Geist erfüllt waren (Apostelgeschichte 2,4). Diese Gabe dient nicht nur anderen, sondern es ist eine Gebetssprache, mit der wir Gott preisen (1. Korinther 14,16), mit der wir aber auch uns selbst erbauen (1. Korinther 14,4).

3. Um uns zu helfen, ein geheiligtes Leben zu führen
1. Thessalonicher 4,3: *„Denn das ist der Wille Gottes, eure Heiligung, dass ihr meidet die Unzucht."* Es ist das Wirken des Heiligen Geistes in uns, das uns die Kraft gibt, mit Ihm zu wandeln (Galater 5,25).

4. Um uns Kraft zu geben, anderen zu dienen
Epheser 5,18+19: *„Und sauft euch nicht voll Wein, woraus ein unordentliches Wesen folgt, sondern <u>lasst euch vom Geist erfüllen</u>. <u>Ermuntert einander</u> mit Psalmen und Lobgesängen und geistlichen Liedern, singt und spielt dem Herrn in euren Herzen."*

5. Um uns in der festen Hoffnung zu stärken, in Ewigkeit bei Gott zu sein
In 2. Korinther 1,21a-22 nimmt Paulus in einer interessanten Weise Bezug auf den Heiligen Geist: *„Gott ist's aber, der… uns gesalbt und versiegelt und in unsre Herzen als Unterpfand den Geist gegeben hat."* Wir sind noch nicht im Himmel, wo wir Jesus von Angesicht zu Angesicht sehen werden. Wir freuen uns auf die Ewigkeit mit unserem himmlischen Vater. Doch in der Zwischenzeit müssen wir Versuchungen, Angriffen des Teufels und menschlicher Schwachheit widerstehen. Der Heilige Geist ist uns als Garantie gegeben für das, was kommen wird, und Er befähigt uns, geduldig und ausdauernd zu sein und glaubensvoll auf das Ziel zu blicken, das vor uns liegt.

☞ **Jetzt wäre es gut, Epheser 3,14-17 und 5,18 zu lesen, und Gott zu bitten, dass er diese Dinge auch in deinem Leben bewirken möge.**

1. Tag: „Die Taufe und die ‘Gute Nachricht’“

☞ **Wochenvers zum Auswendiglernen: Galater 2,20**
Lies bitte: 1. Mose 3,1-19

Wenn wir nach der Bedeutung der Taufe fragen, stossen wir gleich zu Anfang auf das grösste Problem des Menschen. Das grösste Problem des Menschen ist seine Sünde und Schuld, die ihn von Gott getrennt hat. Im 1. Mose 2-3 lesen wir, dass der Mensch Gott, seinen Schöpfer, zurückwies, und damit auch Gottes Recht, in seinem Leben zu regieren. Auf diese Weise wurde die Sünde zum grossen Hindernis zwischen Gott und dem Menschen. Wenn der Mensch je in die Gemeinschaft mit Ihm zurückkehren will, muss das Problem der Sünde gelöst werden. Die wunderbare Botschaft, welche die Bibel die ‘Gute Nachricht’ nennt, ist, dass Gott eine Möglichkeit geschaffen hat, uns mit Ihm wieder zu versöhnen.

Die Taufe ist ein äusserliches Zeichen und ein Hinweis darauf, was Gott getan hat, um uns wieder in die Gemeinschaft mit Ihm zurückzuführen.

Die Taufe weist auf die ‘Gute Nachricht’ hin!
Römer 3,23: *„Sie sind allesamt Sünder und ermangeln des Ruhmes, den sie bei Gott haben sollten.“* Die Hauptaussage dieser Schriftstelle ist, dass keiner von uns - seit Adam und Eva ohne Ausnahme - Gottes heilige und gerechte Norm erreichen konnte. Oft sagen wir (meistens, um uns vor uns selbst zu entschuldigen): „Niemand ist vollkommen“. Das stimmt genau! Niemand ist mehr vollkommen. Niemand ist durch seine eigenen Anstrengungen in der Lage, Gottes vollkommene Norm zu erreichen. Von Gott, unserem Schöpfer, getrennt zu sein, resultiert im Tod. Von Gott, der das Leben ist, abgeschnitten zu sein, bedeutet, tot zu sein. Römer 6,23 sagt: *„Denn der Sünde Sold ist der Tod; die Gabe Gottes aber ist das ewige Leben in Christus Jesus, unserm Herrn.“*

Genau von dieser Tatsache ging Paulus aus, als er in Philipper 3,4-8 sein persönliches Zeugnis gab. Hier bezeugte er, dass, wenn irgend jemand das Recht oder die Fähigkeit gehabt hätte, Gottes vollkommene Norm zu erreichen, dann wäre er derjenige. Er war als Jude geboren. Er gehörte zur Gruppe der Menschen, die die beste Ausbildung hatten (die Pharisäer), und diente mit der grössten Hingabe unter den Juden. Er war eifriger als alle seine Kollegen, und konnte, was das äussere Einhalten der Gesetzesvorschriften betraf, von sich selbst sagen, dass er *„untadelig“* war (Philipper 3,6). Das war wirklich eine Leistung, und jeder andere wäre stolz darauf gewesen, so etwas sagen zu können. Paulus jedoch sagt von all diesen Leistungen und deren Wert, durch sie Gottes Zustimmung und Annahme erwerben zu können: *„Ich erachte es für Dreck“* (Philipper 3,8). Es gibt kaum einen stärkeren Ausdruck, den ein traditioneller Jude, wie Paulus es war, gebrauchen konnte, um seine äusserste Verachtung für etwas auszudrücken. In anderen Worten: all seine vielen Anstrengungen, Gott zu gefallen, hatten ihm nichts eingebracht. Es gibt nur einen Weg, um dahin zu gelangen, wo man vor Gott völlig bestehen kann oder, wie die Bibel es ausdrückt, vor Gott *„gerecht gemacht“* werden kann.

Der grosse Tausch! Gottes Antwort auf das Problem der Sünde
2. Korinther 5,21: *„Denn er hat den, der von keiner Sünde wusste, für uns zur Sünde gemacht, damit wir in ihm die Gerechtigkeit würden, die vor Gott gilt.“* Dieser Vers sagt uns, dass bei allen, die Gott gerecht macht, ein wunderbarer Austausch stattfindet. Als erstes nahm Gott alle unsere Sünden und legte sie auf Jesus, d.h. Jesus wurde am Kreuz für uns zum Sündopfer. Anstatt dass wir für unsere eigene Sünde und Schuld bezahlen, hat Jesus für uns, an unserer Statt, bezahlt. Jesus ist *„Gottes Lamm, das der Welt Sünde trägt!“* (Johannes 1,29). Er nahm die Sünden der ganzen Menschheit auf sich und hat voll und ganz dafür bezahlt, und das ein für allemal!

Der Prophet Jesaja weist in Jesaja 53,4-5 darauf hin, dass Jesus genau das getan hat: *„Fürwahr, er trug unsre Krankheit und lud auf sich unsre Schmerzen. Wir aber hielten ihn für den, der geplagt und von Gott geschlagen und gemartert wäre. Aber er ist um unsrer Missetat willen verwundet und um unsrer Sünde willen zerschlagen. Die Strafe liegt auf ihm, auf dass wir Frieden hätten, und durch seine Wunden sind wir geheilt."*

„Damit wir in ihm die Gerechtigkeit würden, die vor Gott gilt"

Die andere Seite dieses kaum fassbaren Austausches ist - und das ist rechtlich für uns verbürgt - dass du und ich die Gerechtigkeit Gottes empfangen. Er gibt uns Sein weisses Gewand im Austausch gegen unsere schmutzigen Lumpen! Jesus wurde „für uns zur Sünde", und wir werden zur „Gerechtigkeit Gottes".

Genau darum geht es bei der Taufe. Dieses äußere, sichtbare, körperliche Zeichen weist darauf hin, was Jesus für uns getan hat. Für unsere Sünde wurde völlig bezahlt. Oder, um es auf eine andere Art zu sagen: Wir wurden erlöst (zurückgekauft).

Gottes Gerechtigkeit ist eine Gabe, die durch Glauben empfangen wird

Epheser 2,8-9: *„Denn aus Gnade seid ihr selig geworden durch Glauben, und das nicht aus euch: Gottes Gabe ist es, nicht aus Werken, damit sich nicht jemand rühme."*

Dieses freiwillige Geschenk der Gerechtigkeit und der Errettung für alle Ewigkeit ist erhältlich für jeden, der glaubt. Gottes Gabe der Gerechtigkeit und der Errettung erhalten wir nicht dadurch, dass wir Gutes tun und versuchen, uns von unserer besten Seite zu zeigen, sondern durch unser bedingungsloses Bekennen, dass alle unsere Anstrengungen nichts als schmutzige Lumpen sind. Wir müssen glauben und fest darauf vertrauen, dass Jesus alles bezahlt hat. Die Taufe weist auf die Tatsache hin, dass Jesus für mich starb und für alle meine Sünden bezahlt hat und ist ein Zeichen, dass ich mein Vertrauen in Ihn gesetzt habe.

✍ **Lies bitte Kolosser 2,12-15 und schreibe alles auf, was in diesen Versen auf die Bedeutung der Taufe hinweist:**

____

____

____

2. Tag: „Die Taufe ist ein Zeichen unserer Gemeinschaft mit Christus“

☞ **Wochenvers zum Auswendiglernen: Galater 2,20**
Lies bitte: Römer 6,1-14

In dieser Lektion wollen wir uns mit einer der Grundbedeutungen der Taufe beschäftigen, nämlich: mit Christus vereint zu sein. Mit Christus vereint zu sein, ist eine der wunderbarsten Wahrheiten der Bibel. Doch ist es schwierig für uns, zu verstehen, wie das sein kann, da wir doch als unvollkommene Menschen in einer unvollkommenen, gefallenen und sündigen Welt leben. Genau das ist einer der Gründe, weshalb die Taufe für uns so bedeutsam ist. Es ist unbedingt erforderlich, dass wir die Tragweite dieser Tatsache verstehen.

Wir wurden mit Christus im Tod vereint
Galater 2,19b-20: *„Ich bin mit Christus gekreuzigt. Ich lebe, doch nun nicht ich, sondern Christus lebt in mir. Denn was ich jetzt lebe im Fleisch, das lebe ich im Glauben an den Sohn Gottes, der mich geliebt hat und sich selbst für mich dahingegeben.“*

Die Taufe ist ein Bild für das, was dieser Vers aussagt. Hast du bemerkt, dass Paulus sagt: *„Ich bin mit Christus gekreuzigt.“* Paulus schreibt über etwas, das wirklich stattgefunden hat. Es ist wichtig, dass wir verstehen, was er hier meint. Selbstverständlich war Paulus rein physisch noch am Leben, denn er spricht in diesem Vers von seiner physischen menschlichen Existenz, wenn er von dem Leben spricht, das er jetzt noch im Fleisch lebt. Wer ist dieses *„Ich“*, das *„mit Christus gekreuzigt“* wurde? Wenn Paulus sagt „ ich bin gekreuzigt worden“, dann spricht er von dem alten Paulus, dem Paulus, der unter der Herrschaft und Kontrolle der Sünde lebte. Das war der „alte“, unbekehrte, nicht erneuerte und nicht von Gottes Geist wiedergeborene Mensch. Dieser „alte Mensch“, der alle seine Aufmerksamkeit und Wünsche auf blosse menschliche und zeitliche Dinge gerichtet hatte, war überhaupt nicht in der Lage, Gott zu gefallen oder Seine Zustimmung und Annahme zu erlangen. Und dieser Mensch war gestorben. Er war *„mit Christus gekreuzigt“* worden.

Römer 6,6 sagt: *„Wir wissen ja, dass unser alter Mensch mit ihm gekreuzigt ist, damit der Leib der Sünde vernichtet werde, so dass wir hinfort der Sünde nicht dienen.“* Als Jesus am Kreuz starb, starb Er nicht für sich selbst, sondern für uns. Er starb an unserer Stelle. Als Er starb, starben wir mit Ihm. Sein Tod wird zu unserem Tod, wenn wir unser Vertrauen in Ihn setzen. Die Taufe ist ein Zeichen und weist auf die Tatsache hin, dass dies wirklich geschehen ist. Sie macht sichtbar, was im geistlichen Bereich stattgefunden hat. In Römer 6,4 heisst es: *„So sind wir ja mit ihm begraben durch die Taufe in den Tod.“* Es ist ausserordentlich wichtig, dass wir begreifen, dass dies wirklich stattgefunden hat. Es ist eine geistliche Tatsache und die Grundlage, auf der unser ganzes Christenleben basiert.

Wir sind mit Christus im Leben vereint
Galater 2,20: *„Ich lebe, doch nun nicht ich, sondern Christus lebt in mir. Denn was ich jetzt lebe im Fleisch, das lebe ich im Glauben an den Sohn Gottes.“* Wenn Paulus *„ich“* sagt, möchte er nicht, dass irgend jemand denkt, er meine dabei den alten Paulus. Der alte Paulus ist tot! Deshalb sagt er: *„Ich lebe, doch nun nicht ich, sondern Christus lebt in mir.“*

Die Taufe ist nicht nur ein Zeichen dafür, dass wir (unser altes, sündiges und unerrettetes Selbst) mit Christus gestorben sind, sondern auch, dass wir durch die Kraft des Heiligen Geistes zum Leben kamen. Etwas Wunderbares ist geschehen! Christus lebt in uns durch den Heiligen Geist! Weil Er lebt, leben wir jetzt auch. Nachdem wir gerecht gemacht wurden vor Gott, kam der Heilige Geist, um in uns zu leben, und unser Geist ist nun lebendig.

Römer 8,10: *„Wenn aber Christus in euch ist, so ist der Leib zwar tot um der Sünde willen, der Geist aber ist Leben um der Gerechtigkeit willen."* Paulus sagt hier, dass unser Körper stirbt, unser Geist aber lebt durch Christus, der in uns wohnt durch den Heiligen Geist. Unser altes Selbst ist dem Reich der Sünde und des Todes gestorben, und unser erneuertes Selbst, unser Geist, wurde lebendig gemacht für das Reich der Gerechtigkeit und des Lebens. Wir sind einer neuen Herrschaft unterstellt. Ein Wechsel der Reiche hat stattgefunden (Kolosser 1,13-14). Die Taufe ist ein Zeichen, das bekundet, dass dieser Wechsel eine geistliche Tatsache ist. Diese Tatsache ist nicht von unseren Gefühlen abhängig. Sie ändert sich auch nicht mit dem Stand unserer moralischen Vollkommenheit. Sie sagt einfach aus, dass die alte Person, die zum alten Reich der Sünde und des Todes gehörte, gestorben ist, und die neue Person, die erneuert ist, zum Reich des Lichts und Lebens gehört (Kolosser 3,10).

Die Taufe ist ein Zeichen, das uns an die Wahrheit erinnert

Die Taufe ist ein Zeichen, das uns bildlich die geistliche Tatsache unseres Todes und unserer Auferstehung mit Christus vor Augen führt, trotz unserer gegenwärtigen irdischen, menschlichen Erfahrung. Selbst wenn wir uns bei Fehlern und Fehlhaltungen ertappen - und das ist bei uns allen der Fall - dürfen wir nie daran zweifeln, dass wir *„mit Christus gekreuzigt"* sind. Wir müssen auch daran festhalten, dass wir mit ihm *„auferstanden"* sind. Die Taufe ist ein Zeichen, das uns ermahnt, uns auf das zu verlassen, was Christus für uns getan hat, und nicht auf unsere Gefühle und Erfahrungen.

✍ **Lies bitte noch einmal den folgenden Vers durch und unterstreiche das Schlüsselwort, das zeigt, wie wir unser Leben in dieser Welt leben sollen.**

Galater 2,20: „Ich lebe, doch nun nicht ich, sondern Christus lebt in mir. Denn was ich jetzt lebe im Fleisch, das lebe ich im Glauben an den Sohn Gottes, der mich geliebt hat und sich selbst für mich dahingegeben."

Was meinst du, warum dieses Wort eine so grosse Bedeutung hat?

____

____

3. Tag: „Die Taufe weist auf ein neues Leben hin“

☞ **Wochenvers zum Auswendiglernen: Galater 2,20**
Lies bitte: Römer 6,1-14

Römer 6,4: *„So sind wir ja mit ihm begraben durch die Taufe in den Tod, damit, wie Christus auferweckt ist von den Toten durch die Herrlichkeit des Vaters, auch wir in einem neuen Leben wandeln.“* Zur Zeit Paulus gab es Menschen, die sagten: „Ist es nicht wunderbar, dass unsere Sünden vergeben sind? Ist es nicht wunderbar, dass wir vor Gott gerecht gemacht wurden? Und wenn wir vor Gott durch den Glauben gerecht sind und nicht durch eigene Werke, warum sollen wir uns dann überhaupt noch Gedanken machen über gute Werke?“ Paulus hatte für diese Leute eine ziemlich harte Antwort bereit, denn sie hatten einen der wichtigsten Punkte übersehen im Blick auf das, was es bedeutet, ein Christ zu sein. Jesus ist nicht nur für uns gestorben und wir mit Ihm, sondern Er wurde auch von den Toten auferweckt durch die Kraft des Heiligen Geistes, und wir mit Ihm.

Es gibt zwei Dinge, die wir uns merken müssen, wenn wir Römer 6,4 lesen:

1. Mit Christus auferstanden zu sein, ist eine geistliche Tatsache
Schon in der letzten Lektion kam folgendes klar zum Ausdruck: Ganz gleich, wie wir uns fühlen und wie unser gegenwärtiger Erfolg im Hinblick auf ein gerechtes Leben auch aussieht: die Tatsache, dass wir neue Kreaturen geworden sind und im Reich Gottes leben, sollte durch nichts in Frage gestellt werden. Römer 6,5: *„Denn wenn wir mit ihm verbunden und ihm gleichgeworden sind in seinem Tod, so werden wir ihm auch in der Auferstehung gleich sein.“*

2. Mit Christus auferstanden zu sein, sollen wir in unserem täglichen Leben ausleben
Römer 6,4 sagt: *„So sind wir ja mit ihm begraben durch die Taufe in den Tod, damit, wie Christus auferweckt ist von den Toten durch die Herrlichkeit des Vaters, auch wir in einem neuen Leib wandeln.“* Dieser Vers sagt, dass so, wie Gott durch den Heiligen Geist den Leib Jesu von den Toten auferweckte, dieser Heilige Geist, der in uns lebt, auch uns Kraft geben wird, hier und jetzt ein neues Leben zu leben! Es ist Seine Absicht, uns ein Leben zu geben, das nicht länger durch die Macht der Sünde und des Bösen dominiert und bestimmt wird, sondern durch den Heiligen Geist geführt wird und durch Ihn Kraft bekommt.

Römer 6,11: *„So auch ihr, haltet dafür, dass ihr der Sünde gestorben seid und lebt Gott in Christus Jesus.“* Die Taufe ist ein Zeichen, das darauf hinweist, dass Jesus Christus von den Toten auferstanden ist und wir mit Ihm. Sie weist auf die Tatsache hin, dass der Heilige Geist in uns lebt (1. Korinther 6,19-20), und dass wir uns nun Gott ganz ausliefern sollen, um Seinem Willen gemäss zu leben. Wir gehören nicht länger zum Reich der Sünde. Das „alte Selbst“ starb, und das Reich der Sünde hat einen seiner Sklaven verloren. Nun sollen wir uns Gott ganz ausliefern, damit Er uns gebrauchen kann, wie Er es möchte (Römer 6,12-14).

Römer 6,2: *„Das sei ferne! Wie sollten wir in der Sünde leben wollen, der wir doch gestorben sind ?“*

Römer 6,13: *„Auch gebt nicht der Sünde eure Glieder hin als Waffen der Ungerechtigkeit, sondern gebt euch selbst Gott hin, als solche, die tot waren und nun lebendig sind, und eure Glieder Gott als Waffen der Gerechtigkeit.“*

Mit anderen Worten: wir sind jetzt fähig, auf eine vollkommen neue Art zu leben, nämlich, auf Gottes Weise. Unsere neue Art zu leben wird nach wie vor nicht vollkommen sein. Dennoch hat ein neues Leben unter Gottes Führung begonnen. Dies gefährdet in keiner Weise die Tatsache, dass wir Gott und Seinem Reich angehören! Psalm 37,23-24: „*Von dem Herrn kommt es, wenn eines Mannes Schritte fest werden, und er hat Gefallen an seinem Wege. Fällt er, so stürzt er doch nicht; denn der Herr hält ihn fest an der Hand.*“

Epheser 2,8: „*Denn aus Gnade seid ihr selig geworden durch Glauben, und das nicht aus euch: Gottes Gabe ist es.*“ Wenn wir sowieso schon nicht dadurch gerettet werden, dass wir alle Dinge richtig machen, werden wir auf keinen Fall dadurch gerettet bleiben, dass wir alle Dinge jederzeit richtig machen.

Die Taufe ist ein Zeichen, das auf das neue Leben hinweist, das in der Kraft des Heiligen Geistes begonnen hat.

✍ **Bitte erkläre in deinen eigenen Worten, was die Taufe damit zu tun hat, dass du ein neues Leben lebst:**

____

____

4. Tag: „Die Taufe ist ein Zeichen unserer Aufnahme in den Leib Christi“

☞ **Wochenvers zum Auswendiglernen: Galater 2,20**

Lies bitte: Galater 3,26-28

Die Taufe ist ein Zeichen, das auf die Tatsache hinweist, dass du in das Reich Gottes eingetreten bist. Du bist ein Glied am Leib Christi geworden.

„Ihr seid alle durch den Glauben Gottes Kinder in Christus Jesus.“
In dem obengenannten Vers wird das Bild der Familie gebraucht. Wir wurden zu Kindern Gottes, weil wir an Jesus Christus, Seinen Rettertod und Seine Auferstehung glauben. Jetzt sind wir Teil der Familie Gottes. Nachdem wir nun zur gleichen Familie gehören, haben wir Gemeinschaft mit all denen, die ebenfalls zur Familie Gottes gehören. Sie sind unsere Brüder und Schwestern. Wir haben alle denselben himmlischen Vater, der uns geliebt hat und durch den wir wiedergeboren sind.

Die Taufe ist ein Zeichen, das auf die Art und Weise hinweist, wie wir in die Familie Gottes hineingekommen sind. Wir kamen alle auf demselben Weg hinein. Jesus Christus starb an unserer Statt. Durch den Glauben an Ihn wurde unsere Sünde und Schuld hinweggenommen und wir wurden wieder vereint mit unserem himmlischen Vater (Römer 5,1-2). Jeder, der zur Familie Gottes gehört, hat dieselbe Erfahrung gemacht. Jeder musste zu Gott kommen als Sünder, der Vergebung brauchte. Jeder musste kommen und bekennen, dass die eigenen Anstrengungen nicht genügend sind, um Gottes Annahme und Zustimmung zu erhalten. Wir sitzen alle „im gleichen Boot“. Aus diesem Grund sind unsere menschlichen Unterschiede nicht mehr von Bedeutung. Wenn wir über die Familie Gottes reden, sind damit alle Kinder Gottes gemeint. Galater 3,28: *„Hier ist nicht Jude noch Grieche, hier ist nicht Sklave noch Freier, hier ist nicht Mann noch Frau; denn ihr seid allesamt einer in Christus Jesus.“*

Die Taufe weist auf mehr hin, als nur auf eine persönliche Erfahrung zwischen dir und Gott. Als du in die Gemeinschaft mit Gott eingetreten bist, bist du gleichzeitig in eine Gemeinschaft mit all denjenigen eingetreten, die zu Ihm gehören. Diese vielen anderen, die zu Gott gehören, bilden das, was die Bibel die „Gemeinde“ oder auch die „von Gott Herausgerufenen“ nennt. Es sind die, die Gott „herausgerufen“ hat aus dem Reich der Finsternis und „hineingerufen“ in das Reich des Lichts.

Das Neue Testament spricht von all denen, die zu Gott gehören, als dem „Leib Christi“. In Epheser 4 zum Beispiel wird Christus als das „Haupt“ und wir als die Glieder am Leib beschrieben. Wir sind einer mit dem anderen verbunden, und jedes Glied ist sehr wichtig für das Wachstum der anderen.

Die Taufe ist ein Zeichen, das auf unsere Aufnahme in den „Leib Christi“ hinweist.
Es ist eine Tendenz der menschlichen Natur, unabhängig von anderen Menschen und auch unabhängig von Gott sein zu wollen. Die Taufe erinnert uns daran, dass wir mit Christus vereint wurden. Er ist in uns, und wir sind in Ihm (Johannes 17,23). Und so sind wir auch mit all denen vereint, welche die Gemeinde bilden, den Leib Christi.

Das hat praktische Konsequenzen in bezug auf unser tägliches Leben als Christen. Oft möchte Gott durch andere Glieder der Gemeinde etwas in uns tun. Wenn wir verbunden mit dem „Leib Christi“ sind, dient uns Gott und hilft uns wachsen und macht uns fähig, anderen zu dienen.

Obwohl die Taufe darauf hinweist, dass wir in den weltweiten Leib Christi aufgenommen wurden, schliesst das gleichzeitig ein, dass wir dies in ganz praktischer Weise an Ort und

Stelle ausleben sollen. Das Reich Gottes ist ewig und nach menschlichen Massstäben nicht messbar, aber in unserem täglichen Leben muss es in einer greifbaren Weise zum Ausdruck kommen. Wir gehören nicht einfach zu allen Christen weltweit, sondern wir gehören hier und jetzt einer bestimmten Gruppe von Christen an und sollten als Teil dieser Gruppe auch Verantwortung tragen. Die Taufe ist ein Zeichen unserer Aufnahme in den Leib Christi und soll uns gleichzeitig an unsere Verpflichtung erinnern, ein treues Glied des Leibes auf eine verantwortliche und praktische Art zu sein.

✍ **Lies bitte Epheser 2,14-18 sorgfältig durch und erkläre kurz, wie Juden und Nichtjuden heute vereint sein und „*Zugang zum Vater*" haben können:**

____

____

Schreibe in deinen eigenen Worten auf, was die Taufe damit zu tun hat, dass du Teil des „Leibes Christi" bist:

____

____

____

5. Tag: „Die Taufe ist für uns ein Zeichen der Erinnerung“

☞ **Wochenvers zum Auswendiglernen: Galater 2,20**
Lies bitte: Apostelgeschichte 16,16-34

Dies ist die letzte Lektion, in der wir uns mit dem Thema „Taufe“ befassen. Heute wollen wir uns einige der Gründe anschauen, warum Jesus uns befohlen hat, uns taufen zu lassen.

Taufe und Glaube
Die Bibel hält ganz klar fest, dass die Taufe selbst nicht das ist, was uns rettet. In Apostelgeschichte 2,38 sagte der Apostel Petrus zu denen, die fragten, was sie tun müssten, um gerettet zu werden: *„Tut Busse, und jeder von euch lasse sich taufen auf den Namen Jesu Christi zur Vergebung eurer Sünden, so werdet ihr empfangen die Gabe des heiligen Geistes.“* Busse tun bedeutet, sich vom alten Weg des Denkens und Handelns abzukehren. Weiter schliesst es ein, dass wir an Jesus Christus glauben, Ihm vertrauen, dass Er uns unsere Sünden vergeben hat, und jetzt für Ihn leben. Busse gibt der Taufe ihre Bedeutung. Ohne Glauben an Jesus Christus würde die Taufe nichts anderes bedeuten als ein tägliches Bad.

Warum befahl Jesus Seinen Jüngern, die zu taufen, die gläubig geworden waren (Matthäus 28,19)? Warum hat Er ihnen nicht einfach gesagt, sie sollen das Evangelium predigen und die Menschen zu Gläubigen machen? Warum genügt es nicht, wenn wir nicht einfach die Wahrheiten der Bibel akzeptieren?

Wozu ein äusseres Zeichen?
Wenn Jesus wiederkommt und uns für immer zu sich nimmt, wird es keine Kämpfe mit Satan und den bösen Mächten mehr geben. Wir werden nicht mehr kämpfen müssen gegen unsere alte Natur, Krankheit, Zweifel und gegen Versuchungen, falsch zu denken und zu leben. In Offenbarung 21,4 wird diese Ewigkeit mit unserem Herrn und Retter Jesus Christus beschrieben: *„Und Gott wird abwischen alle Tränen von ihren Augen, und der Tod wird nicht mehr sein, noch Leid noch Geschrei noch Schmerz wird mehr sein; denn das Erste ist vergangen.“*

Für die Zeit, bis es soweit ist, gab Jesus uns die Taufe als ein äusserliches, sichtbares Zeichen. Sie erinnert uns an die Wahrheit des Evangeliums, an die ‘Gute Nachricht’. Sie erinnert uns, dass wir selbst nicht fähig sind, Gottes perfekte Norm zu erreichen. Sie erinnert uns, dass - selbst wenn wir weder sehen noch fühlen, was wir möchten - Er uns vergeben hat. Er hat uns gerecht gemacht und wir wurden tatsächlich mit dem Vater wieder vereint (Römer 5,1-2). Was Er im geistlichen Bereich für uns getan hat, ist genauso wahr, wie das, was wir gesehen und erfahren haben, als wir getauft wurden.

Die Taufe kann man mit einem Ehering vergleichen. Der Ring ist nicht die Ehe. Keine Ehe ist je von einem Ring zusammengehalten worden, aber er deutet auf die Realität dieser Gemeinschaft hin. Den Träger des Rings, aber auch alle anderen erinnert er daran, dass diese Person verheiratet ist. Selbst in Augenblicken, in denen man auf sich oder den Partner nicht so gut zu sprechen ist, ist der Ring eine ständige Erinnerung an die Tatsache des Verheiratetseins.

Sieben Punkte über die Taufe, die du dir merken solltest:[13]
1. *„Die Taufe hat den Charakter eines Evangelisations-Gottesdienstes, in dem „die Kraft Gottes, die selig macht alle, die daran glauben“ (Römer 1,16), symbolisch dargelegt wurde, und Gott gab mir persönlich die Garantie dafür, dass ich diese Kraft durch den Glauben erfahren werde.“*

[13] J.I. Packer, *I want to be a Christian* (Eastbourne, GB: Kingsway, 1992), S. 118-120

2. *„Die Taufe hat den Charakter einer Hochzeit, bei der ich Jesus, meinem Herrn, als Sein Eigentum für immer übergeben wurde. Sie erinnert daran, wem ich gehöre und wem ich dienen muss."*

3. *„Die Taufe hat den Charakter einer Beerdigung. Bestattet wurde mein alter Mensch, der ich durch Adam und durch meine Natur war, und der nun völlig gestorben ist"* (Römer 6,4-6).

4. *„Die Taufe hat den Charakter eines Osterfestes, bei dem Jesu Auferstehung und meine Auferstehung in Ihm und mit Ihm proklamiert wird* (Kolosser 2,12). *Durch den in mir wohnenden Heiligen Geist bin ich wahrhaftig bereits auferstanden, obwohl ich noch auf Christi Wiederkommen warten muss, damit auch meine körperliche Auferstehung vollendet sein wird. In der Zwischenzeit fordert die Taufe von mir, dass ich Tag für Tag das Christusleben lebe, das mich jetzt durchströmt, das mir aber gleichzeitig bestätigt, dass ein neuer und besserer Körper auf mich wartet."*

5. *„Die Taufe hat den Charakter eines Geburtstagsfestes. Vielleicht sollte ich sagen: mein offizieller geistlicher 'Geburts-Tag', denn die „Mit-Wiederauferstehung" bewirkt eine neue Geburt. ....Die Taufe sollte in mir eine beständige Freude darüber auslösen, dass ich geistlich in Christus lebe."*

6. *„Die Taufe hat den Charakter einer Aufnahmefeier, die mich in die Familie der von Gott angenommenen Kinder gebracht hat, damit ich das Leben der Anbetung, des Zeugnisgebens und der Arbeit zur Ehre des Vaters mit ihr teile. Meine Taufe sollte mir bewusst machen, mit den Menschen, die das wirkliche Salz der Erde sind, eine Einheit zu sein, und mich mit ihnen auf eine ganz praktische Weise zu identifizieren...."*

7. *„Die Taufe hat den Charakter eines Sendungsbefehls, der mein Leben ganz erfüllt, indem ich Christus und Seinem Anliegen diene."*

✍ **Bitte schreibe kurz in deinen eigenen Worten auf, was dir Römer 6,11 im Blick auf deine Taufe bedeutet:**

____

____

Inwiefern kannst du von deiner Taufe erwarten, dass sie dir in der Zukunft eine Hilfe sein wird?

____

____

Warum wird die Taufe in der Öffentlichkeit vorgenommen?

____

____

1. Tag: „Das Abendmahl ist ein Zeichen, das uns an die ‘Gute Nachricht’, das Evangelium, erinnern soll“

☞ **Wochenvers zum Auswendiglernen: 1. Korinther 11,23b-25**
Lies bitte: Matthäus 26,17-30

In dieser Woche wollen wir uns mit dem zweiten Zeichen beschäftigen, das Jesus der Gemeinde gab, damit sich die Christen an Ihn und an das, was Er für sie getan hat, erinnern. Das erste Zeichen, mit dem wir uns letzte Woche beschäftigten, war die Taufe. Das zweite Zeichen wollen wir in dieser Woche anschauen: das „Abendmahl“. Es ist ein besonderes Mahl, bei dem wir eingeladen sind, Gemeinschaft mit Gott zu haben.

Vielleicht hast du schon gehört, dass vom Abendmahl als einem „Sakrament“ gesprochen wurde. Das Wort Sakrament kommt aus dem Lateinischen und bedeutet „Symbol“ oder „Zeichen“. Und das ist das Abendmahl auch. Es ist ein Zeichen oder Symbol, das auf Jesus Christus hinweist und auf Seinen Tod für uns. So wie ein Wegweiser, der auf Zürich hinweist, nicht selbst die Stadt Zürich ist, so ist auch dieses Zeichen selbst nicht das Wichtigste, sondern das, worauf es sich bezieht.

Jesus selbst setzte das “Abendmahl“ ein
Kurz bevor Jesus gekreuzigt wurde, feierte er mit Seinen Jüngern das traditionelle jüdische Passahfest. Als sie zusammen assen, gab Jesus diesem Mahl eine neue und besondere Bedeutung. *„Der Herr Jesus, in der Nacht, da er verraten ward, nahm er das Brot, dankte und brach's und sprach: Das ist mein Leib, der für euch gegeben wird; das tut zu meinem Gedächtnis. Desgleichen nahm er auch den Kelch nach dem Mahl und sprach: Dieser Kelch ist der neue Bund in meinem Blut; das tut, sooft ihr daraus trinkt, zu meinem Gedächtnis“* (1. Korinther 11,23b-25).

Jesus gebot Seinen Jüngern, dieses Mahl in Zukunft unter dieser neuen Bedeutung zu feiern. Er wies auf die Tatsache hin, dass Er das wahre Passah-„Lamm Gottes ist, das der Welt Sünde trägt“ (Johannes 1,29). Das Brot, das sie essen und den Wein, den sie während diesen besonderen Mahlen trinken würden, sollten sie daran erinnern, das Er Seinen Leib und Sein Blut für sie gegeben hatte.

✍ **Jetzt wäre es gut, im 2. Buch Mose das Kapitel 12 zu lesen, um besser zu verstehen, um was es beim Passahfest ging, und warum es dem Volk Israel gegeben war.**

Das Abendmahl weist auf die ‘Gute Nachricht’ hin
Wir sahen in der vorhergehenden Lektion, dass die Taufe ein Zeichen ist, das Jesus uns gab. Sie weist auf die ‘Gute Nachricht’ hin, dass Jesus Christus all unsere Sünde und Schuld auf sich genommen hat. Er wurde *„für uns zur Sünde gemacht, damit wir in ihm die Gerechtigkeit würden, die vor Gott gilt“* (2. Korinther 5,21).

Jesus ist für uns gestorben und auferstanden, damit wir Vergebung unserer Sünden empfangen und vor Gott gerecht gemacht werden können. Das heisst also, wir sind gerecht gemacht, bzw. haben vor Gott den Status des Gerechten. Dieses wunderbare Geschenk können wir durch den Glauben empfangen, dass Jesus Christus wirklich für uns zur Sünde wurde.

Das Abendmahl weist ebenso wie die Taufe auf die ‘Gute Nachricht’ hin. Die Taufe findet <u>nur einmal</u> statt. <u>Sie gilt für immer</u>. Sie weist darauf hin, dass a) wir von einem Reich ins andere gewechselt haben; b) unsere Sünden vergeben wurden; c) wir vor Gott gerecht gemacht wurden und d) wir Gott gehören. So wie die Taufe einmal auf das Evangelium hinweist, so weist das Abendmahl immer und immer wieder darauf hin. Wir werden dadurch fortwährend an die Wahrheit erinnert, dass Jesus an unserer Statt für uns gestorben ist.

Jesus starb, und wir sollen uns daran erinnern. Ebenso wichtig ist es, dass wir uns daran erinnern, für wen Er starb! Er ging für uns ans Kreuz. Beim Abendmahl nehmen wir gewöhnlich ein kleines Stück Brot und ein wenig Wein oder Traubensaft zu uns. Dies soll uns an die Tatsache erinnern, dass Jesu Blut und Sein Leib für uns dahingegeben wurden. Jeder von uns empfängt persönlich das Brot und den Kelch. Wir sind es, die Vergebung und Reinigung brauchen. Das Abendmahl versichert uns, dass wir wirklich Vergebung empfangen haben!

Lies bitte Matthäus 26,26-28 noch einmal durch und notiere nachfolgend den Satzteil, der aussagt, an was uns das Abendmahl erinnert:

____

____

2. Tag: „Das Abendmahl ist ein Zeichen, dass wir Jesus Christus gehören“

☞ **Wochenvers zum Auswendiglernen: 1. Korinther 11,23b-25**
Lies bitte: 2. Korinther 5,17-21

Heute wollen wir uns unseren Wochenvers zum Auswendiglernen einmal genauer anschauen.

„Der Herr Jesus, in der Nacht, da er verraten ward, nahm er das Brot, dankte und brach's und sprach: Das ist mein Leib, der für euch gegeben wird; das tut zu meinem Gedächtnis. Desgleichen nahm er auch den Kelch nach dem Mahl und sprach: Dieser Kelch ist der neue Bund in meinem Blut; das tut, sooft ihr daraus trinkt, zu meinem Gedächtnis.“

„Das ist mein Leib, der für euch gegeben wird“ (1. Korinther 11,24b)
Wir lesen im Alten Testament, dass Tiere geopfert wurden, um die Sünden der Menschen zu sühnen (3. Mose 4,1-5). Jedoch vermochten diese Tieropfer die Sünde selbst nicht wegzunehmen (Hebräer 10,3-4), sondern wiesen auf den Tag hin, an dem Jesus mit Seinem eigenen Leib das tun würde (Hebräer 10,10). Als Jesus dann das jüdische Passahmahl mit Seinen Jüngern feierte, nahm Er das Brot und machte ihnen klar, dass dieses Brot Seinen eigenen Leib symbolisierte, der für sie gebrochen (getötet) werden sollte. Er selbst war *„das Lamm Gottes, das der Welt Sünde trägt“* (Johannes 1,29)! Sein Leib, Sein Leben würde anstelle des ihren dargebracht werden.

Jesaja sagt in Kapitel 53,4-6: *„Fürwahr, er trug unsre Krankheit und lud auf sich unsre Schmerzen. Wir aber hielten ihn für den, der geplagt und von Gott geschlagen und gemartert wäre. Aber er ist um unsrer Missetat willen verwundet und um unsrer Sünde willen zerschlagen. Die Strafe liegt auf ihm, auf dass wir Frieden hätten, und durch seine Wunden sind wir geheilt. ... der Herr warf unser aller Sünde auf ihn.“*

Jesus gab Seinen Leib
Jesus war ganz und gar Gott und ganz und gar Mensch. Als Mensch hatte Er einen Körper wie jeder von uns. Mit diesem Körper bezahlte Er für unsere Sünden (Versöhnungsopfer). Hebräer 2,17 sagt: *„Daher musste er in allem seinen Brüdern gleich werden, damit er barmherzig würde und ein treuer Hoherpriester vor Gott, zu sühnen die Sünden des Volkes.“*

Das Abendmahl verkündet die wunderbare Botschaft, dass Jesus wirklich Mensch wurde, unseren Platz einnahm und als das wahre Lamm Gottes unsere Krankheiten, Sorgen und Übertretungen auf sich nahm. Ein für allemal gab Er Seinen Leib als Opfer für unsere Sünden.

Wenn wir das Abendmahl nehmen, sollen wir uns daran erinnern, dass Jesus das einzige und das allein wahre Opfer für die Sünde ist. Und genauso wie die Gläubigen des Alten Testamentes nach dem Tag Ausschau hielten, an dem ihre Schuld wirklich bezahlt sein würde, so schauen wir als Gläubige des Neuen Testamentes zurück auf den Tag, an dem Jesus für unsere gesamten Sünden bezahlt hat.

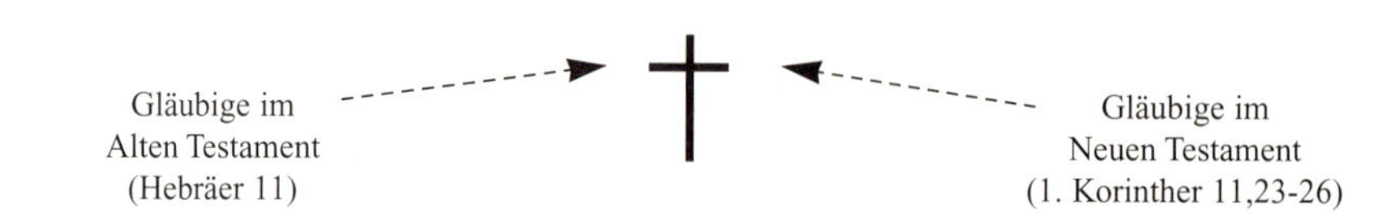

„Dieser Kelch ist der neue Bund in meinem Blut“ (1. Korinther 11,25)
Dieser Bund spricht von einer Gemeinschaft zwischen Gott und Seinem Volk. Im alten Bund, den Gott mit den Israeliten am Berg Sinai machte, wurde das Blut von Tieren auf den Altar und auf die Leute gesprengt, als Zeichen, dass dieser Bund Gültigkeit hatte. Hebräer 9,22 sagt: *„Ohne Blutvergiessen geschieht keine Vergebung.“* Doch Hebräer 10,3-4 macht klar, dass diese Opfer nicht wirklich die Schuld der Sünde wegnehmen konnten. *„Vielmehr geschieht dadurch alle Jahre nur eine Erinnerung an die Sünden. Denn es ist unmöglich, durch das Blut von Stieren und Böcken Sünden wegzunehmen.“* Diese Opfer waren ein Zeichen, das auf Christus hindeutete, der eines Tages selbst für die Sünde bezahlen würde. In diesem *neuen* Bund, den Jesus Seinen Jüngern ankündigt, wird Sein Leib und Sein Blut für die Vergebung unserer Sünden geopfert. Sein Blut wurde vergossen, und dadurch wurde ein neuer Bund bzw. eine neue Gemeinschaft zwischen Ihm und Seinem Volk möglich. In dieser neuen Beziehung, so sagt Hebräer 10,10, *„sind wir geheiligt ein für allemal durch das Opfer des Leibes Jesu Christi.“* Paulus beschreibt diesen neuen Bund, diese neue Gemeinschaft, in die wir nun mit Gott eintreten können, folgendermassen: *„Da wir nun gerecht geworden sind durch den Glauben, haben wir Frieden mit Gott durch unsern Herrn Jesus Christus“* (Römer 5,1).

Das Abendmahl ist ein Zeichen, das uns an diese neue Gemeinschaft mit Gott erinnert und an das, was ihre Grundlage ist. Durch den Glauben haben wir Vergebung erhalten, wurden gerecht gemacht und haben nun Frieden mit Gott. Wir werden daran erinnert, dass wir Vergebung und Gerechtigkeit nicht dadurch empfangen, weil wir die richtigen Dinge tun, sondern weil wir an Jesus Christus glauben und an das, was Er für uns am Kreuz getan hat.

Römer 3,24.28: *„...und werden ohne Verdienst gerecht aus seiner Gnade durch die Erlösung, die durch Jesus Christus geschehen ist. ...So halten wir nun dafür, dass der Mensch gerecht wird ohne des Gesetzes Werke, allein durch den Glauben.“* Wir alle haben die natürliche Tendenz, uns das erarbeiten zu wollen, was wir erhalten. Es erscheint logisch, dass Gott nur diejenigen lieben und annehmen würde, die sich dessen auch als wert erweisen. Es ist sehr schwierig für uns, die gute Nachricht des Evangeliums zu akzeptieren, wenn wir in unseren Beziehungen zu anderen Menschen daran gewöhnt sind, uns ihr Wohlwollen verdienen zu müssen. Als Christen und Kinder Gottes müssen wir immer wieder daran erinnert werden, dass wir nicht durch das Tun der richtigen Dinge eine neue Beziehung zu Gott haben, sondern indem wir an Jesus Christus glauben und darauf vertrauen, dass Er den Preis für unsere Sünde bezahlt hat (Römer 5,1).

Das ist einer der Gründe, weshalb das Abendmahl für uns eine so grosse Bedeutung hat, und warum wir es immer wieder nehmen dürfen. Es erinnert uns ständig daran, dass Gottes Gnade und unsere neue Gemeinschaft mit Ihm Geschenke sind, die wir uns nicht verdienen können. Es erinnert uns daran, nur Jesus Christus und nicht unseren eigenen Anstrengungen zu vertrauen. Um all das geht es in der Bedeutung des Abendmahls.

✍ **Bitte lies noch einmal 2. Korinther 5,17-21 und notiere die Worte oder Satzteile, die beschreiben, was es bedeutet, „in Christus“ zu sein:**

____

____

____

____

3. Tag: „Das Abendmahl erinnert uns an unser neues Leben in Christus“

☞ **Wochenvers zum Auswendiglernen: 1. Korinther 11,23b-25**

Lies bitte: 1. Korinther 11,17-22

Die Gemeinde in Korinth hatte Probleme!
Die Gemeinde in Korinth, der Paulus im 1. Korinther 11 schreibt, sah sich einigen sehr ernsten Problemen gegenüber. Eines der Probleme betraf das Abendmahl. Es war eine ihrer Gewohnheiten, im Rahmen ihrer „Liebesfeste“ regelmässig das Abendmahl zu feiern. Sie nahmen dabei eine volle Mahlzeit zu sich und hatten Gemeinschaft untereinander. Einige der Gemeindeglieder waren freie römische Bürger, andere Sklaven. Ihre soziale Herkunft war somit sehr unterschiedlich. Vielleicht ist dies schwer für dich zu verstehen, aber offensichtlich waren einige der Gemeindeglieder nicht willig, auf andere zu warten, die sehr wahrscheinlich ärmere Glieder der Gemeinde waren. Diejenigen, die früh kamen, fingen einfach an, zu essen und zu trinken. Als dann die anderen eintrafen, war für sie nichts mehr übrig. Und was noch schlimmer war: einige, die so handelten, betranken sich sogar! Was für sie ein ganz besonderes Mahl hätte sein sollen, das sie daran erinnerte, dass Jesus für ihre Sünden gestorben war und sie mit Gott und untereinander eins gemacht hatte, wurde zu einer ganz gewöhnlichen Mahlzeit, die keine spezielle Bedeutung mehr hatte. Das Ganze war eine grobe Beleidigung derjeniger, die so ungerecht behandelt wurden.

Paulus korrigierte die Korinther mit scharfen Worten. Er hielt ihnen ihr liebloses Benehmen untereinander vor Augen, das in einem starken Kontrast zur Forderung des Evangeliums stand und sagte ihnen, dies sei der Grund, warum viele unter ihnen schwach und krank seien. Manche von ihnen seien sogar schon *„entschlafen“* (ein anderes Wort für gestorben). Wie war es möglich, dass, obwohl Christus für sie gestorben war und das höchste Opfer der Liebe für sie erbracht hatte, sie sich einander nicht in der gleichen Weise lieben konnten? Was hätte noch unverschämter sein können und noch weniger im Einklang mit der Absicht und dem Ziel des Abendmahls, als so rücksichtslos und egoistisch mit den Brüdern und Schwestern in Christus umzugehen?

Aus diesem Grund mahnte sie Paulus nun, sich selbst zu *„prüfen“* und *„den Leib Christi zu achten“*. Sie sollten das Abendmahl nicht länger als eine gewöhnliche Mahlzeit betrachten. Sie sollten es in seiner Bedeutung als besonderes Gemeinschaftsmahl feiern. Sie sollten es im Gedenken tun, dass Jesus Seinen Leib und Sein Blut für unsere Sünden gab, und dass das Evangelium nun an uns die Forderung stellt, dementsprechend zu leben.

Das Abendmahl erinnert uns daran, einer den anderen zu lieben
Das Abendmahl sollte sie daran erinnern, dass Gott sie liebt und dass sie auch einander lieben sollen. Ihre Leben sollten, auch wenn sie nicht vollkommen waren, widerspiegeln, was Gott in ihnen und für sie getan hatte. Doch ihr Handeln war genau das Gegenteil. Jesus hatte Seinen Jüngern in Johannes 15,12 befohlen: *„Das ist mein Gebot, dass ihr euch untereinander liebt, wie ich euch liebe.“* In 1. Johannes 4,11 sagte der Apostel Johannes genau dasselbe: *„Ihr Lieben, hat uns Gott so geliebt, so sollen wir uns auch untereinander lieben.“* Das Abendmahl ist die Erklärung dessen, dass Gott uns geliebt hat, und es erinnert uns daran, dass wir unser Leben im Einklang mit dieser Wahrheit leben sollen.

„Lasst uns im Geist wandeln“
Weil der Heilige Geist in uns lebt und die Quelle unseres neuen Lebens und unserer neuen Gemeinschaft mit Gott ist, *„lasst uns mit ihm wandeln“* (Galater 5,25). Mit anderen Worten, lasst uns nun ein Leben führen, das im Einklang mit der Bedeutung des

Abendmahls steht. Er möchte in uns all das vollbringen, was in den vorhergehenden Versen 22-23 steht. Das Abendmahl soll uns daran erinnern, darauf zu achten, dass dies auch geschieht.

Römer 6,13: *„Auch gebt nicht der Sünde eure Glieder hin als Waffen der Ungerechtigkeit, sondern gebt euch selbst Gott hin, als solche, die tot waren und nun lebendig sind, und eure Glieder als Waffen der Gerechtigkeit."*

Zwei wichtige Aspekte des Evangeliums
Das Feiern des Abendmahls erinnert uns an die Tatsache, dass das Evangelium immer zwei Aspekte hat: den **Indikativ** (die Wirklichkeitsform) und den **Imperativ** (die Befehlsform). Die **indikative** Seite zeigt uns, was wir in Jesus empfangen haben. Zum Beispiel beginnt Paulus seinen Brief in Epheser 1,3 wie folgt: *„Gelobt sei Gott, der Vater unseres Herrn Jesus Christus, der uns gesegnet hat mit allem geistlichen Segen im Himmel durch Christus."* In den nächsten drei Kapiteln fährt er dann fort, all diese geistlichen Segnungen zu erklären.

Die **imperative** (befehlende) Seite des Evangeliums sagt uns, was wir jetzt zu tun haben, da wir Empfänger der Gaben Gottes geworden sind. Dementsprechend fängt Paulus auch das vierte Kapitel des Epheserbriefes damit an, dass er sagt: *„So ermahne ich euch nun, ich, der Gefangene in dem Herrn, dass ihr der Berufung würdig lebt, mit der ihr berufen seid"* (Epheser 4,1). Das bedeutet nicht, dass wir nun vollkommen sind, aber dass wir alles daransetzen sollen, ein Leben zu führen, in dem die imperative Seite des Evangeliums mehr und mehr sichtbar wird

Wir sahen bereits in der vorhergehenden Lektion, dass das Abendmahl nicht als ein Zeugnis meines guten und anständigen Lebens gedacht ist, sondern als Gewissheit, dass Gott mir vergeben hat, obwohl ich ein fehlerhafter Mensch bin! In der korinthischen Gemeinde sehen wir, dass die Christen Gottes Liebe und Vergebung als etwas Selbstverständliches betrachteten. Das war eine Beleidigung Gott gegenüber.

Wir müssen immer wieder erinnert werden!
Ich möchte nochmals betonen, dass wir uns der Tatsache bewusst sein müssen, dass wir vergesslich sind und von Natur aus dazu neigen, nachlässig zu sein, wenn es darum geht, *„im Geist zu wandeln"*. Wenn schon die ersten Christen von den Aposteln immer wieder daran erinnert werden mussten, dann haben wir es erst recht nötig. Das Abendmahl wurde uns gegeben, damit wir immer wieder daran erinnert werden, was Jesus für uns getan hat, und dass wir die Auswirkungen verstehen, die das auf unser Leben hat.

Notiere bitte mindestens zwei der geistlichen Segnungen (Indikative des Evangeliums), die Paulus in Epheser 1,4-14 erwähnt:

____

____

Notiere bitte mindestens zwei der Forderungen (Imperative des Evangeliums), die Paulus in Epheser 4,2-3 erwähnt:

____

____

4. Tag: „Das Abendmahl erinnert uns daran, dass wir zum Leib Christi gehören"

☞ **Wochenvers zum Auswendiglernen: 1. Korinther 11,23b-25**
Lies bitte: Epheser 4,1-6. 15-16

1. Korinther 10,16-17: *„Der gesegnete Kelch, den wir segnen, ist der nicht die Gemeinschaft des Blutes Christi? Das Brot, das wir brechen, ist das nicht die Gemeinschaft des Leibes Christi? Denn e i n Brot ist's: So sind wir viele e i n Leib, weil wir alle an e i n e m Brot teilhaben."*

Bevor wir uns damit befassen, wie wir zueinander im Leib Christi gehören, müssen wir erkennen, dass dies nur möglich ist, wenn wir am Blut und am Leib Christi teilhaben. Diese Zueinandergehörigkeit ist viel mehr als blosse menschliche Bindungen oder soziale Strukturen. Sie beginnt mit der realen und lebendigen Beziehung zu Jesus Christus. Es sind nicht menschliche Empfindungen und Sympathien, die uns zusammenbinden. Es ist die Person Jesus Christus. In Jesus Christus vereint zu sein ist der einzige Weg, auf dem wahre und bleibende Einheit erreicht werden kann. Das Abendmahl ist ein Zeichen, das uns auf Jesus hinweist und zugleich auf uns Gläubige untereinander.

Wir alle brauchen Vergebung
Wenn wir das Brot nehmen und uns an den Leib Christi erinnern, der für uns hingegeben wurde, sagt uns das, dass wir alle in der gleichen Lage sind. Jeder von uns befindet sich, bildlich gesprochen, am Fuss des Kreuzes und braucht Vergebung. Es gibt keine Ausnahme! Keiner kann sich mit seinen Errungenschaften grosstun und einen besonderen Platz vor Gott erlangen, denn Gott sieht nicht die Person an (Apstelgeschichte 10,34). 1. Johannes 1,9 wurde an alle Christen geschrieben. Dort wird deutlich, dass wir alle „im gleichen Boot sitzen". *„Wenn wir aber unsre Sünden bekennen, so ist er treu und gerecht, dass er uns die Sünden vergibt und reinigt uns von aller Ungerechtigkeit."* Das griechische Wort, das hier für *bekennen* (homologeo) steht, bedeutet wörtlich: „dasselbe sagen". Das heisst, die Tatsache zuzugeben, dass wir Sünder sind. Gleichzeitig hat es die Bedeutung, dass wir das andauernd tun müssen; es ist ein nie aufhörender Prozess. Es ist nicht nur für jemand gedacht, der zum erstenmal zu Jesus kommt und bekennt, dass er ein Sünder ist, sondern jeder Christ ist hier aufgerufen, dies während seines ganzen Lebens zu tun.

Es spielt keine Rolle, ob wir Babies in Christus sind oder alte Veteranen des Glaubens. Jeder von uns ist ein begnadigter Sünder. Das Abendmahl wurde uns gegeben, damit wir uns immer wieder an diese Tatsache erinnern.

Ist dir schon einmal aufgefallen, wieviele Beziehungsprobleme sich aus der Tatsache ergeben, dass einer meint, er sei ein klein wenig besser oder ein klein wenig schuldloser als der andere? Ist dir klar, wie wichtig es ist, dass jeder realisiert, wie sehr er Gottes Vergebung braucht? Das Abendmahl will uns an diese Dinge erinnern. Wir müssen am Fuss des Kreuzes bleiben.

Es ist *„ein Leib und ein Geist"* (Epheser 4,4)
Wenn jeder von uns den Kelch und das Brot nimmt als Zeichen, dass wir von unseren Sünden gereinigt und vor Gott gerechtfertigt sind, sollten wir uns auch daran erinnern, dass der Heilige Geist in uns wohnt. Er wohnt in uns, weil wir durch das Blut Jesu, das für uns vergossen wurde, völlig gereinigt sind.

Weil das die Wahrheit ist, sagt Paulus zu den Ephesern, *„zu wahren die Einigkeit im Geist durch das Band des Friedens"* (Epheser 4,3). Er ermutigt sie, alles zu tun, um miteinander in Frieden zu leben. Warum? Weil sie bereits eins sind durch den Heiligen

Geist, der in ihnen wohnt. Sie sind schon ein Teil des Leibes Christi. Sie gehören Ihm, und es ist jetzt ihre Pflicht, *„darauf bedacht zu sein"*, durch die Kraft des Heiligen Geistes in Harmonie zu leben.

Wie Vers 4 sagt : Es ist *„ein Leib und ein Geist."* Das Abendmahl erinnert uns nicht an etwas, auf das wir hoffen sollen, sondern an etwas, das bereits geschehen ist. Wir wurden gereinigt und gerechtfertigt, wir gehören Jesus Christus, der Heilige Geist wohnt in uns, und wir gehören zum Leib Christi. Weil das so ist, wollen wir alles dazu tun, dass dies auch in unserem täglichen Leben zum Ausdruck kommt.

Der Leib Christi

So wie uns das Abendmahl daran erinnert, dass wir Teil des Leibes Christi sind, so erinnert es uns auch an die Tatsache, dass wir den Leib Christi brauchen und er uns. Es ist Gottes Absicht, uns durch die zu dienen, die Ihm gehören. Jedes muss seine Aufgabe erfüllen, damit *„der ganze Leib zusammengefügt ist und ein Glied am andern hängt durch alle Gelenke, dass der Leib wächst und sich selbst aufbaut in Liebe"* (Epheser 4,16). Wir werden daran erinnert, dass wir als Christen nicht isoliert von anderen leben sollen, sondern in verantwortungsvollen Beziehungen untereinander.

✍ **Matthäus 18,21-35: Das Gleichnis von der Vergebung ('DerSchalksknecht'): Was hielt den unbarmherzigen Diener davon zurück, seinem Mitmenschen zu vergeben?**

____

____

Welchen Zusammenhang hat das mit dir, wenn du das Abendmahl nimmst?

____

____

5. Tag: „Das Abendmahl ist eine wichtige Erinnerung“

Wochenvers zum Auswendiglernen: 1. Korinther 11,23b-25
Bitte lies: Lukas 22,14-20

Gott hat uns so geschaffen, dass wir uns hungrig fühlen, wenn wir für eine bestimmte Zeit keine Nahrung zu uns nehmen. Wenn wir nicht essen und keine Nahrung zu uns nehmen, kann unser Körper nicht richtig funktionieren. Genauso wie unser Körper immer wieder Nahrung braucht, so braucht auch unser geistliches Leben Nahrung. Das Abendmahl ist Gottes Mittel, uns an den wichtigsten Teil unseres geistlichen Lebens zu erinnern und an die Nahrung, die wir brauchen.

Das Abendmahl ist Gottes besonderes Mahl, das wir immer wieder brauchen
Jesus befahl es. „Tut das“ war ein Befehl, der andauernde Kraft in sich hatte. Das heisst, es war etwas, das sie immer wieder tun sollten. In unserem Wochenvers (1. Korinther 11,23b-25) schreibt Paulus an die Gemeinde in Korinth und erinnert sie an einige der Worte, die Jesus gesprochen hatte. Er sagte: *„Das tut zu meinem Gedächtnis, ...sooft ihr daraus trinkt, zu meinem Gedächtnis.“ Ebenso in Vers 26: „Denn sooft ihr von diesem Brot esst und aus dem Kelch trinkt, verkündigt ihr den Tod des Herrn, bis er kommt.“* Paulus sagt: *„Sooft ihr esst (trinkt)...“* Demnach ist also die Teilnahme am Abendmahl etwas, das Jesus befahl und das sie immer wieder tun sollten. Manche Gemeinden feiern das Abendmahl jede Woche, andere jeden Monat. Das wichtigste ist aber nicht, wie oft wir dieses besondere Mahl feiern. Wichtig ist, dass wir es regelmässig tun.

Das Vorbild der ersten Gemeinde
Lukas, der Verfasser der Apostelgeschichte, beschreibt im zweiten Kapitel einige der Dinge, die für die ersten Christen von grosser Bedeutung waren. Apostelgeschichte 2,42: *„Sie blieben aber beständig in der Lehre der Apostel und in der Gemeinschaft und im Brotbrechen und im Gebet.“* Ich habe hier *„Brotbrechen“* unterstrichen, denn dies ist der Ausdruck, mit dem Lukas sich auf das Abendmahl bezieht. Sie feierten sehr oft das Abendmahl zusammen und erinnerten sich daran, dass Jesus für sie gestorben war. Daraus ersehen wir, wie wichtig ihnen das Evangelium war. Und demnach auch, wie wichtig es für uns ist.

Wir müssen immer wieder daran erinnert werden!
Wenn Jesus uns dieses besondere Mahl gab, um uns an Ihn zu erinnern, können wir daraus schliessen, dass die Möglichkeit besteht, dass wir es auch vergessen können. In der Bibel gibt es viele Beispiele von Menschen, die vergessen hatten, was Gott für sie getan hat. Oft begannen diese Leute, auf eine ganz ungebührliche Art und Weise zu leben. Das beste Beispiel ist das Volk Israel, als Gott es aus Ägypten durch die Wüste geführt hat. Jedesmal, nachdem Gott ihnen zu Hilfe kam, vergassen sie in kurzer Zeit, wie Er für sie gesorgt hatte. Uns geht es oft genauso wie ihnen. Weil Gott das weiss, hat Er uns das Abendmahl gegeben, um uns daran zu erinnern, dass Er für unsere Sünden gestorben ist.

Ein weiterer Grund, warum wir an Gottes Liebe und Vergebung erinnert werden müssen, ist, weil wir immer wieder Fehlhaltungen bei uns feststellen. Wie leicht kann man da entmutigt werden! Wenn wir unser Bestes getan haben und dann feststellen, dass wir Gottes Vorgabe nicht erreichten, tut das wirklich weh. Aber das Abendmahl erinnert uns, dass wir zu Gott im Vertrauen kommen und Ihn um Vergebung bitten dürfen, denn für unsere Sünden wurde bezahlt. *„Der Schuldbrief wurde getilgt“* (Kolosser 2,14). Wir wurden vor Gott gerecht gemacht und wir sollen daran nicht zweifeln, selbst wenn wir versagt haben! Das Abendmahl erinnert uns immer wieder daran, dass wir an Gottes Liebe und Vergebung nicht zweifeln sollen.

Das Abendmahl erinnert uns auch daran, *„den Schild des Glaubens zu ergreifen, mit dem* *wir alle feurigen Pfeile des Bösen auslöschen können"* (Epheser 6,16). Durch unseren Glauben an Jesus Christus und Sein Erlösungswerk für uns am Kreuz können wir den Schild des Glaubens hochhalten. Dann werden die feurigen Pfeile des Zweifels und der Versuchung ausgelöscht.

Römer 8,38-39: *„Denn ich bin gewiss, dass weder Tod noch Leben, weder Engel noch Mächte noch Gewalten, weder Gegenwärtiges noch Zukünftiges, weder Hohes noch Tiefes noch eine andere Kreatur uns scheiden kann von der Liebe Gottes, die in Christus Jesus ist, unserm Herrn."* Das Abendmahl ist ein äusserliches, greifbares Zeichen, um uns an diese Wahrheit zu erinnern.

✍ **Lies bitte Johannes 6,53-58 sorgfältig durch und erkläre kurz in deinen eigenen Worten, was Jesus meinte, als er in Vers 56 sagte: *„Wer mein Fleisch isst und mein Blut trinkt, der bleibt in mir und ich in ihm."***

____

____

____

1. Tag: „Gottes Gebote für unser Leben“

☞ **Wochenvers zum Auswendiglernen: Matthäus 22,37-39**
Lies bitte: Römer 13,8-10; Galater 5,13-14

Unseren Weg im Leben finden
Hast du jemals versucht, das Haus von jemandem in einer grossen Stadt zu finden? Alles, was du hattest, war die Beschreibung, die dir am Telefon gegeben wurde. Erinnerst du dich, wie frustrierend es war, als du die richtige Ausfahrt verpasstest, überall nur auf Einbahnstrassen stiesst, und dann im Handschuhfach nach dem Stadtplan schautest, der aber ausgerechnet nicht da war?! Es kann sehr schwierig sein, unseren Weg in einer grossen Stadt zu finden, aber es ist noch viel schwieriger, unseren Weg im Leben zu finden. Wir stehen einer ganzen Reihe komplexer Beziehungen gegenüber, müssen Entscheidungen fällen, Probleme lösen, Herausforderungen entgegentreten und aus unzähligen Möglichkeiten auswählen. Wie sollen wir unseren Weg im Leben finden? Gott lässt uns nicht im Dunkeln tappen, sondern hat uns als unser Schöpfer mit einem klaren Plan für unser Leben versorgt. Dieser Plan ist Sein Wort, die Bibel, und wir können uns darauf verlassen, dass wir in ihr den Weg finden, den wir gehen sollen.

Im Alten Testament gab Gott dem Volk Israel eine einfache und bündige Liste mit Anweisungen fürs Leben. Wir nennen sie die „Zehn Gebote“ oder die „zehn Worte“ (Dekalog). Er versprach ihnen, dass sie mit Seinen Segnungen rechnen könnten, wenn sie Seinen Anweisungen (Geboten) genau Folge leisten würden. Falls sie sich entscheiden würden, sie nicht zu befolgen, würden sie die Konsequenzen eines gottfeindlichen Lebens zu tragen haben.

☞ **Bitte lies jetzt 2. Mose 20,1-17, um eine Übersicht über die zehn Gebote zu bekommen**

Die zehn Gebote auf einen Nenner gebracht
Diese Gebote haben sich nicht verändert, sondern sind nach wie vor Gottes Gebote fürs Leben. Jesus wurde einst gefragt, welches das grösste Gebot im Alten Testament war. Er antwortete: *„Du sollst den Herrn, deinen Gott, lieben von ganzem Herzen, von ganzer Seele und von ganzem Gemüt. Dies ist das höchste und grösste Gebot. Das andere aber ist dem gleich: Du sollst deinen Nächsten lieben wie dich selbst. In diesen beiden Geboten hängt das ganze Gesetz und die Propheten“* (Matthäus 22,37-40).

In diesen wenigen Zeilen brachte Jesus alle zehn Gebote auf einen Nenner. *„Du sollst den Herrn, deinen Gott, lieben…“* fasst die ersten vier Gebote zusammen; *„und deinen Nächsten wie dich selbst“* die restlichen sechs. Doch das war nicht alles! Jesus stellte klar, dass sie nicht nur für das Volk Israel im Alten Testament bestimmt waren, sondern auch für uns Christen heute. Diese von Gott gegebenen Gebote fürs Leben berühren die zwei wichtigsten Bereiche unseres Lebens: a) unsere Beziehung zu Gott und b) unsere Beziehung zu den Mitmenschen.

Bringe die Dinge in Ordnung!
Hast du jemals versucht, einer Person zu sagen, was sie zu tun hätte, und sie reagierte darauf folgendermassen: „Du bist nicht mein Chef, kümmere dich um deine eigenen Angelegenheiten!“ Offensichtlich war sie der Meinung, du hättest nicht das Recht, ihr zu sagen, was sie zu tun hätte. Etwas in der Beziehung zu dieser Person war nicht klar. Entweder hattest du deine Grenzen überschritten, oder sie war nicht bereit, deine Autorität anzuerkennen.

Bevor Gott Mose die zehn Gebote gab (2. Mose 20), sagte er einführend folgende Worte: *„Ich bin der Herr, dein Gott, der dich aus Ägyptenland, aus der Knechtschaft, geführt hat“* (2. Mose 20,2). Gott erschien nicht einfach auf der Bildfläche und verlangte von den Kindern Israels, dass sie Seinen Geboten gehorchen sollten. Er hätte wohl das Recht dazu gehabt, tat es aber nicht. In Seiner grossen Liebe und Gnade erinnerte Er sie an das, was Er für sie getan hatte. Er war nicht nur irgendein Gott, sondern Jahwe, der Herr, ihr Gott, der sie aus der Sklaverei befreit hatte. Er erinnerte sie daran, dass Er ihr rechtmässiger Gott und Herrscher war, und dass sie Ihm gehörten.

Gott ist Liebe

In unseren Beziehungen untereinander werden wir oft vom lieblosen Verhalten anderer enttäuscht und reagieren sehr empfindlich, wenn sie uns sagen, was wir tun sollen. Auf der anderen Seite haben wir hoffentlich auch gute Erfahrungen gemacht, wenn wir jemanden angewiesen haben, etwas zu tun (z.B. unsere Kinder). Weil sie spürten, dass wir das Recht hatten, sie anzuweisen, taten sie, was wir sagten.

Indem Gott das Volk Israel (und uns) daran erinnerte, was Er für sie getan hat, versicherte Er ihnen (und uns) auch, dass sie Ihm vertrauen und Seinen Anweisungen für ihr Leben Folge leisten sollen. Dies waren nicht Gebote eines willkürlichen Diktators, sondern ihres (und unseres) Gottes und Schöpfers, der sie mit einer unendlichen Liebe liebte. Seine Gesetze waren nicht lebenszerstörend, sondern kluge Anweisungen eines liebenden, himmlischen Vaters. Erst wenn wir uns Gottes Autorität und Seinen Regeln unterordnen, können wir die Menschen werden, die wir sein sollen.

Wo stehen wir?

Paulus schrieb im 1. Korinther 6,19-20: *„Oder wisst ihr nicht, dass euer Leib ein Tempel des heiligen Geistes ist, der in euch ist und den ihr von Gott habt, und dass ihr nicht euch selbst gehört? Denn ihr seid teuer erkauft; darum preist Gott mit eurem Leibe.“*

Gott muss dein Gott sein, bevor du dich mit den zehn Geboten befasst. Ist dies nicht der Fall, wirst du Seine Gebote ablehnen und sie als einschränkende „Freudenzerstörer“ betrachten, anstatt als die lebensspendenden Anweisungen, die sie sind. Unser ganzes Sein, mitsamt unserem Körper, gehört rechtmässig Gott und steht Ihm zu Diensten. Gott hat uns die Wahl gelassen, Ihm zu folgen oder nicht, aber für uns muss klar sein: Wir gehören Gott. Genauso wie Er das Volk Israel aus der Sklaverei in Ägypten befreit hat, so hat Er auch uns von der Knechtschaft der Sünde und ihren Folgeerscheinungen befreit. Er ist unser Gott, und wir sollen Ihm nachfolgen.

Unser ganzes Wesen, Körper, Seele und Geist, mit allem was wir sind und haben, ist Gottes rechtmässiges Eigentum. Die Bibel beschreibt uns als Haushalter, die zur Ehre Gottes Sein Eigentum verwalten. In den folgenden Lektionen werden wir uns genauer damit beschäftigen, was dies für unser Leben bedeutet.

✍ **Römer 6,22 nennt uns vier gute Gründe, weshalb wir dankbar sein sollen, dass wir in Gottes Wegen wandeln können. Bitte notiere mindestens drei davon:**

____

____

Warum bekommen wir erst als Kinder Gottes den rechten Zugang zu den Geboten Gottes?

____

____

2. Tag: „Gott an erster Stelle"

☞ **Wochenvers zum Auswendiglernen: Matthäus 22,37-39**
Lies bitte: 2. Mose 20,1-6

Der Mensch wurde nach dem Ebenbild Gottes erschaffen, und erst, wenn er den Schöpfer als seinen Herrn anerkennt, kann er seine wahre Bestimmung als Mensch finden. Gottes zehn Gebote für unser Leben beginnen mit unserer Beziehung zu Gott. Wie wir in der letzten Lektion gesehen haben, lautet das grösste Gebot: *„Du sollst den Herrn, deinen Gott, lieben von ganzem Herzen, von ganzer Seele und von ganzem Gemüt"* (Matthäus 22,37). Was meinte Jesus, als er das sagte? Was bedeutet dieses grösste Gebot für unser Leben heute?

Das erste Gebot
2. Mose 20,3: *„Du sollst keine anderen Götter haben neben mir."*
Gott möchte, dass wir Ihn gleich zu Anfang erkennen, als der, der Er wirklich ist, nämlich der einzige und alleinige Herrscher in unserem Leben. Er hat uns für die Gemeinschaft mit Ihm geschaffen. Er hat uns aus der Knechtschaft der Sünde befreit und will uns mit nichts und niemandem teilen. Wir gehören ausschliesslich Ihm! So wie ein Ehemann das Recht hat, von seiner Frau die volle Zuneigung zu erwarten, so erwartet Gott von uns, Ihm unsere ganze Zuneigung zu schenken.

„Ich bin der Herr, euer Gott"
Als Gott Mose im brennenden Dornbusch begegnete (2. Mose, Kapitel 3), fragte Mose Gott, was er den Israeliten sagen solle, wenn sie ihn fragten, wer ihn sende. Gott antwortete ihm: *„Sage zu den Israeliten: „Der ICH-BIN-DA hat mich zu euch geschickt"* (2. Mose 3,14, Gute Nachricht-Bibel). Der Ausdruck für „ICH-BIN-DA" ist transliteriert (d.h. buchstabengetreu umgesetzt) „JAHWE" und die Wurzel des hebräischen Wortes „sein". Mit diesem Namen gab Gott Mose und besonders den Kindern Israel zu verstehen, dass Er unter ihnen gegenwärtig ist, um sie zu erlösen. Es kann kaum ein Zufall sein, dass Gott diese Offenbarung an Mose weitergab, gerade als Er dabei war, die Israeliten aus ihrer Knechtschaft zu befreien. Genau diese Tatsache wollte Gott sie begreifen lassen. Er war ihr Erlöser und unter ihnen gegenwärtig, damit sie Ihm vertrauen und sich auf Ihn verlassen konnten. „Jahwe" hatte nicht nur die Bedeutung „höchster Gott", wie die Patriarchen Ihn kannten, sondern jetzt auch „Erlöser", der aktiv gegenwärtig ist. Als Gott sie aus Ägypten führte, sollten sie wissen, dass dies durch die Macht „JAHWES" geschah, dem „ICH-BIN-DA".

Für uns heute ist das Schöne an diesem Namen - obwohl wir ihn in unserem persönlichen Gebet vielleicht nicht aussprechen - dass Gott nicht aufhört, sich als der Eine zu offenbaren, der uns erlöst und befreit. Durch Jesus Christus, den Messias, hat Er sich uns als „Immanuel" oder „Gott mit uns" gezeigt (Matthäus 1,23). Jesus, der Sohn Gottes, wurde Mensch, sichtbar, greifbar und wirklich in jeder Beziehung, um uns zu erlösen und von Sünde zu befreien. Selbst nach Seiner Rückkehr zum Vater ist Er immer noch unter uns. Er sandte den Heiligen Geist, nicht nur, um unter uns zu sein, sondern um in uns zu leben und uns Gott JAHWE noch deutlicher zu offenbaren.

So wunderbar dies jetzt auch ist, so freuen wir uns doch auf den Tag, wenn *„wir ihn von Angesicht zu Angesicht sehen dürfen"*, wenn Seine rettende Gegenwart in uns ihre höchste Aufgabe erfüllt, indem sie uns mit Ihm in alle Ewigkeit vereint.

Das zweite Gebot
2. Mose 20,4: *„Du sollst dir kein Bildnis noch irgendein Gleichnis machen..."*
Was ist ein Bildnis oder Gleichnis? In unserer westlichen Gesellschaft beten wir in der Regel keine von Menschen gefertigten Götzen oder Götterstatuen an, wie in einigen

anderen Teilen der Welt. Doch Götzendienst will unsere Herzen hier genauso in Beschlag nehmen, wie an irgendeinem anderen Ort auf der Welt.

Der Apostel Johannes warnt die Christen in seinem ersten Brief vor der Liebe zur Welt. 1. Johannes 2,15-16: *„Habt nicht lieb die Welt noch was in der Welt ist. Wenn jemand die Welt liebhat, in dem ist nicht die Liebe des Vaters. Denn alles, was in der Welt ist, des Fleisches Lust und der Augen Lust und hoffärtiges Leben, ist nicht vom Vater, sondern von der Welt."*

Martin Luther bezeichnete einen „Gott" als *„etwas, von dem man alles Gute erhoffen und zu dem man in allen Nöten seine Zuflucht nehmen soll. 'Einen Gott haben' heisst also nichts anderes, als ihm von Herzen vertrauen und glauben;...Das nun, sage ich, woran du dein Herz hängst und worauf du dich verlässest, das ist eigentlich dein Gott."* [14]

Christen sind nicht davor gefeit, dass sich ihre Herzen zu anderen Dingen, Menschen oder Leistungen hingezogen fühlen. Wir leben mitten in einer gefallenen Welt und stehen im Kampf gegen unsere allgegenwärtige, sündige Natur. Wir brauchen das Wirken des Heiligen Geistes in unserem Leben, die Auferbauung durch das Wort Gottes und die Gemeinschaft mit Gläubigen, damit wir auf Gottes Weg weitergehen können.

✍ **Bitte lies 2. Mose 20,1-4 und schreibe auf, warum Gott von den Israeliten (und auch von uns heute) erwartete, dass sie nach Seinen Geboten leben:**

____

____

Mit welchen Götzen bzw. Idolen musstest du dich in deinem Leben auseinandersetzen?

____

____

[14] Martin Luther, *Der Grosse Katechismus*, hrsg. von Wolfgang Metzger, (Calwer Verlag, Stuttgart 1983), S. 22

3. Tag: „Gottes Name und Gottes Tag“

☞ **Wochenvers zum Auswendiglernen: Matthäus 22,37-39**
Lies bitte: 2. Mose 20,7-11; Lukas 6,1-11

Namen haben heutzutage kaum mehr die Bedeutung, die sie in den Tagen der Bibel hatten. Unsere Eltern gaben uns in der Regel einen Namen, der ihnen gefiel und gut klang, und der von anderen Kindern nicht auf eine unschöne Art verdreht werden konnte. Zu der Zeit, als die Bibel verfasst wurde, sagten die Namen der Menschen oft aus, woher sie kamen, was sie im Leben erreicht hatten, oder sie hatten einen direkten Bezug zu einem wichtigen Ereignis. Wie wir in der gestrigen Lektion sahen, hat der Name Gottes eine grosse Bedeutung. Als Gott Mose und dem Volk Israel seinen Namen JAHWE offenbarte, wollte Er, dass sie verstehen würden, dass Er ihr Gott war und sonst keiner, und dass Er mitten unter ihnen war, um zu retten und zu erlösen.

Das dritte Gebot
2. Mose 20,7: *„Du sollst den Namen des Herrn, deines Gottes, nicht missbrauchen...“* Nachdem wir jetzt gesehen haben, was Gottes Name bedeutet, lehrt uns das dritte Gebot, wie wir mit Seinem Namen umgehen sollen. Gott warnt hier davor, bei Seinem Namen falsch zu schwören, in dem Sinn, wie jemand schwört, die Wahrheit vor Gericht auszusagen. Dieser Missbrauch von Gottes Namen ist nicht nur eine Wortverschwendung, sondern eine direkte Beleidigung unseres Schöpfergottes, der in uns wohnt. In Tat und Wahrheit verleugnet ein solches Tun, dass Er unser rechtmässiger Herr und Gott ist, vor dem wir eines Tagen stehen und Rechenschaft ablegen werden. Wir rufen Gottes Gerechtigkeit an, die uns Glaubwürdigkeit verschaffen soll, haben jedoch keinerlei Absicht, Ihm mit unseren Leben die Ehre zu geben. Wahrscheinlich werden nur die wenigsten von uns einmal in einem Gerichtssaal als Zeuge schwören müssen, die Wahrheit auszusagen. Trotzdem sind wir alle aufgefordert, Gottes Namen in korrekter Weise zu gebrauchen.

Wie sollen wir Gottes Namen gebrauchen?
1. Wir sollen uns davor hüten, Gottes Namen auf eine leichtfertige oder scherzhafte Weise zu missbrauchen.

2. Wir sollen Gottes Namen durch ein aufrichtiges Leben verherrlichen. Als Christen oder, wie der Name andeutet, als „christusähnliche Menschen“, sind wir ein lebendiges Zeugnis Gottes. Wir sind Salz und Licht in einer dunklen Welt, und wie wir bereits in früheren Lektionen gesehen haben, spricht unser tägliches Leben Bände! Als Christen bezeugen wir öffentlich, dass wir Gott gehören und in Seinen Wegen wandeln. Indem wir nach Seinem Willen leben, verherrlichen wir Seinen Namen und ehren den Einen, dem wir angehören.

Jesus bezog sich auf dieses Gebot, als er Seine Jünger in Matthäus 6,9 beten lehrte: *„Unser Vater im Himmel! Dein Name werde geheiligt.“* Möge Dein Name und alles, wofür Er steht, stets den ihm gebührenden Platz in unserem Leben einnehmen.

3. Wir sollen Gottes Namen richtig gebrauchen, indem wir im Glauben beten. Jesus lehrte Seine Jünger, dass sie „in Jesu Namen“ beten sollten, wenn sie zum Vater beteten. Johannes 15,16: *„Nicht ihr habt mich erwählt, sondern ich habe euch erwählt und bestimmt, dass ihr hingeht und Frucht bringt und eure Frucht bleibt, damit, wenn ihr den Vater bittet in meinem Namen, er's euch gebe.“* Sie sollten verstehen, dass sie nicht in ihrem eigenen Namen zu Gott kommen konnten, sondern nur auf der Grundlage dessen, dass Jesus für uns am Kreuz gestorben ist. Er hat den Preis für unsere Sünde bezahlt und so den Weg zu unserem himmlischen Vater geöffnet. Wir mögen nun, wie es im Hebräerbrief 4,16 steht: *„...hinzutreten mit Zuversicht zu dem Thron der Gnade, damit*

wir Barmherzigkeit empfangen und Gnade finden zu der Zeit, wenn wir Hilfe nötig haben.“ Wenn wir „im Namen Jesu“ beten und darauf bauen, dass wir durch Ihn vertrauensvoll zu Gott kommen können, gebrauchen wir Gottes Namen auf eine Art und Weise, die Ihm Ehre macht.

Das vierte Gebot

2. Mose 20,8: *„Gedenke des Sabbattages, dass du ihn heiligest.“* Im Andenken an die Auferstehung Jesu am dritten Tag (Sonntag), änderte die frühe Gemeinde ihren speziellen Feiertag vom jüdischen Sabbat zum Sonntag. Für uns heute ist es nicht so wichtig, an welchem Tag der Woche wir feiern, sondern dass wir Gottes Absicht dahinter verstehen. Zu Jesu Lebzeiten gab es Menschen, die um der Beachtung des Sabbats willen Menschen und Tieren schwere Auflagen machten. Jesus übte harsche Kritik an ihnen (Matthäus 12,1-14; Markus 2,23-28; Lukas 6,1-11).

Von unserer Arbeit ausruhen

Es war nicht einfach für die Juden, ihre Pflüge und Erntewerkzeuge niederzulegen, während die andern Völker rings um sie her weiterarbeiteten. Auch für uns heute ist das nicht leicht. Der Sabbat war ein Tag der Ruhe für Mensch und Tier, ein Tag für die Anbetung Gottes und ein Tag, an dem man Gutes tat. Das Gebot erinnert uns daran, dass auch wir heute von unserer Arbeit ruhen sollen. Obwohl wir fleissig und arbeitsam sein sollen, müssen wir erkennen, dass Erfolg in erster Linie von Gottes Segen abhängt. Den Sabbat zu heiligen, und von unserer Arbeit auszuruhen - was immer sie auch sein mag - ist ein Akt des Glaubens und des Vertrauens in Gott, dass Er uns versorgen wird.

Verwalter unserer Zeit sein

Den „Sabbat halten“ bedeutet heute, dass Gott *Herr* über unsere Zeit ist. Wir werden noch einmal daran erinnert, dass wir lediglich Verwalter unseres Lebens sind, denn es gehört Gott. Die Zeit ist eines der kostbarsten Güter, die Gott uns anvertraut hat. Heute halten wir den Sabbat, indem wir Gott erlauben, zu bestimmen, wie und wofür wir unsere Zeit am besten einsetzen. Wir alle haben viele Verpflichtungen, die unsere Zeit beanspruchen: Schlafen, essen, Familienleben pflegen, arbeiten, erholen, anderen dienen, Gemeinschaft mit Christen haben oder Gottesdienste besuchen - alle diese Aktivitäten erforden ein gewisses Mass an Zeit.

Zeit für Gott

Weil wir Menschen sind und unsere vielen Verpflichtungen uns täglich fordern, brauchen wir Erholungszeiten für Körper und Seele, um Gottes Wort in uns hören zu können. In unserer westlichen Gesellschaft werden wir heute mit Informationen geradezu bombardiert, die unsere Aufmerksamkeit verlangen. Deshalb bedeutet „den Sabbat halten“ heute, still zu werden - nicht nur an Sonntagen - um Gottes Stimme durch Sein Wort vernehmen zu können.

✍ **Bitte lies Epheser 5,15-18 sorgfältig durch und schreibe auf, wie diese Verse mit dem vierten Gebot in Zusammenhang stehen!**

____

____

4. Tag: „Familie, Leben und Ehe sind heilig“

☞ **Wochenvers zum Auswendiglernen: Matthäus 22,37-39**
Lies bitte: 2. Mose 20,12-14; Epheser 5,22-6,4

Denke daran, dass Gottes „zehn Worte“, die zehn Gebote, weise und liebevolle Anweisungen unseres himmlischen Vaters sind. Paulus schrieb im Epheser 5,1-2: *„So folgt nun Gottes Beispiel als die geliebten Kinder und lebt in der Liebe, wie auch Christus uns geliebt hat und hat sich selbst für uns gegeben als Gabe und Opfer, Gott zu einem lieblichen Geruch.“* In unserer modernen, westlichen Gesellschaft werden Gottes Gebote oft als zu einschränkend empfunden, um ernst genommen zu werden. Auf der andern Seite jedoch stehen wir mitten in der Auflösung wichtiger Grundstrukturen unserer Gesellschaft, wie Ehe und Familie. Paulus macht es sehr klar, dass Gott uns liebt, und da wir Seine Kinder wurden, sollen wir Ihm aus Dankbarkeit gehorchen.

Die zehn Gebote hat Jesus auf einen Nenner gebracht, als er in Matthäus 22,37-39 aus dem Alten Testament zitierte: „Liebe Gott und deinen Nächsten.“ In den letzten Lektionen haben wir kurz angeschaut, wie sich die ersten vier Gebote auf unser Verhältnis zu Gott beziehen. In dieser und der nächsten Lektion werden wir die Gebote 5-10 betrachten und sehen, welchen Stellenwert sie haben in unserer Beziehung zu anderen Menschen.

Das fünfte Gebot: Die Familie ist heilig
Der erste Bereich, in dem wir aufgefordert sind, Verwalter unserer Beziehungen zu anderen zu sein, ist die Familie. 2. Mose 20,12: *„Du sollst deinen Vater und deine Mutter ehren...“* Aus der Sicht von Kindern gesehen, sagt ihnen dieses Gebot, sie sollen ihre Eltern ehren, und das bedeutet, wie Paulus in Epheser 6,1-3 erklärt, ihnen gehorsam zu sein.

Doch dieses Gebot spricht auch zu den Eltern. Die Bibel weist darauf hin, dass Kinder von Natur aus nicht dazu neigen, ihren Eltern zu gehorchen und sie zu respektieren. Es liegt also in der Verantwortung der Eltern, ihre Kinder richtig anzuweisen und zu erziehen, damit sie diese Dinge lernen. Dies steht im Widerspruch zu den meisten humanistischen Erziehungsmethoden, für die heute eingetreten wird, doch die Geschichte beweist, dass Gottes Weisheit die Weisheit der Menschen bei weitem übertrifft.

Epheser 6,4: *„Und ihr Väter, reizt eure Kinder nicht zum Zorn, sondern erzieht sie in der Zucht und Ermahnung des Herrn.“* In diesem Vers ermahnt Paulus die Eltern und besonders die Väter, ihre Kinder mit Respekt und Fairness zu erziehen und zurechtzuweisen. Auch Kinder sind Menschen, die nach dem Bilde Gottes erschaffen wurden. Schon aus diesem Grunde verdienen sie, geachtet zu werden. Dies bedeutet aber nicht, dass Eltern vor der Erziehung und Zurechtweisung in der biblischen Lehre zurückschrecken sollen, sondern dass sie es in der Furcht des Herrn tun.

Bitte lies Sprüche 22, 6 und Sprüche 4,3-4. Dort wird aufgezeigt, welche Verantwortung Eltern in der Erziehung ihrer Kinder haben.

Das sechste Gebot
2. Mose 20,13: *„Du sollst nicht töten.“* Der zweite Bereich, den die zehn Gebote in unseren Beziehungen zu anderen berühren, bezieht sich auf den Wert des Lebens. Gott ist der Geber und der Erhalter des Lebens, und dieses Gebot richtet sich direkt gegen solche, die einen Mitmenschen umbringen. Der Ausdruck, der hier im Hebräischen gebraucht wird, bezieht sich nicht auf die Todesstrafe und die von Gott verliehene Autorität des Staates, Gewalt anzuwenden, um die Gerechtigkeit zu sichern und zu schützen (Römer 13). Er bezieht sich auf das, was wir heute allgemein unter Mord verstehen.

Kaum ein Christ wird wohl in Versuchung kommen, einen anderen Menschen umzubringen. Doch Jesus zeigte auf, wie sehr dieses sechste Gebot Gottes auch uns heute betrifft.

✍ **Bitte lies Matthäus 5,21-26 und schreibe auf, wie das sechste Gebot sich auf jedes einzelne von uns bezieht:**

____

____

Denke darüber nach, ob es in deinem Leben Beziehungen gibt, zu denen diese Worte Jesu und dieses Gebot passen würden.

Das siebte Gebot

2. Mose 20,14: *„Du sollst nicht ehebrechen.“* Dies ist das dritte Gebot, das sich mit unseren Beziehungen zu anderen befasst. Es bezieht sich gezielt auf die Unantastbarkeit der Ehe. Die Ehe wird heutzutage eher als eine von mehreren möglichen Lebensformen gesehen und nicht als ein Gebot Gottes, dem man gehorchen soll. Bei vielen gilt sie auch als „puritanischer Freudentöter“. Wir tun aber gut daran, uns zu überlegen, wer der Urheber und Erfinder der Ehe und der menschlichen Sexualität überhaupt ist!

Drei Dinge über die Ehe sollten wir uns vor Augen halten:
1. Gott schuf die Ehe (1. Mose 2,24).
2. Gott ist daran beteiligt, wenn zwei Menschen heiraten (Matthäus 19,6).
3. Alles, was nachteilig für diese Gemeinschaft ist oder sie zerstören könnte, ist ein Vergehen gegen eines der zehn Grundgebote, die Gott den Menschen gegeben hat. Es greift eine der grundlegendsten Strukturen unserer Gesellschaft an.

Ob Ehebruch, Geschlechtsverkehr mit einer verheirateten Person ausserhalb der Ehe, oder Unzucht, wie die Bibel geschlechtliche Beziehungen zwischen zwei unverheirateten Personen nennt, die negative Seite dieses Gebotes sagt: „Tu es nicht…“.

Dieses Gebot hat aber auch eine positive Seite, die sagt: „Tu's…“. Das heisst, wir sollen nicht nur vorsichtig sein, keine Ehe zu zerstören, sondern aktiv daran arbeiten, die Ehe aufzubauen. Paulus bezieht sich auf die positive Seite dieses Gebots in Epheser 5,21-33.

✍ **Bitte lies Epheser 5,21-33 und notiere a) alles, was Paulus sagt, das Frauen zum Aufbau einer Ehe beitragen sollen und b) alles, was Paulus sagt, das Männer zum Aufbau einer Ehe beitragen sollen.**

a) Frauen:	**b) Männer:**
________________	________________
________________	________________
________________	________________
________________	________________

Welches ist der Schlüsselvers, der uns hilft, die gegenseitigen Aufgaben in der Ehe im rechten Licht zu sehen?

Epheser 5:________

Bitte lies Matthäus 5,27-30 und beachte, was Jesus sonst noch über Ehebruch zu sagen hatte.

5. Tag: „Eigentumsrecht, Wortgebrauch und Zufriedenheit“

Wochenvers zum Auswendiglernen: Matthäus 22,37-39
Lies bitte: 2. Mose 20,15-17

Heute werden wir einige sehr praktische Aspekte unseres Lebens betrachten. Vielleicht hast du dich im Laufe der Woche schon gewundert, warum diese praktischen Bereiche unseres Lebens in den zehn Geboten enthalten sind. Es ist wichtig zu wissen, dass unsere Beziehung zu Gott nicht nur auf das Geistliche beschränkt ist, sondern immer auch den praktischen, alltäglichen Aspekt beinhaltet. Wenn das nicht so ist, ist es nicht wirklich christlich. Wie wir diese Woche schon bemerkt haben, sind die zehn Gebote auch im Neuen Testament enthalten und bestätigt. Sie weisen darauf hin, in welchen konkreten und praktischen Bereichen Gott von uns erwartet, dass wir für Ihn leben. Sie erinnern uns an die wirklich wichtigen Gebiete unseres Lebens und zeigen uns, um welche wir uns am meisten kümmern müssen.

Das achte Gebot
2. Mose 20,15: *„Du sollst nicht stehlen.“* Dieses Gebot - zusammen mit dem sechsten („Du sollst nicht töten“) und dem neunten („Du sollst nicht falsch Zeugnis reden“) - ist normalerweise in unserem Rechtssystem verankert. Es schützt das von Gott gegebene private Eigentumsrecht und berührt - wie die andern Gebote auch - viele andere Bereiche unseres Lebens.

Doch warum ist dies so wichtig für uns Christen? Als erstes sind wir Gottes Kinder und Haushalter Seiner Schöpfung und tragen nach wie vor die Verantwortung dafür, sie zu erhalten. Das Eigentumsrecht, das durch dieses Gebot geschützt wird, ist ein konkretes Mittel, durch das wir Verwalter und Haushalter von Gottes Schöpfung bleiben können. Paulus bezog sich in Epheser 4,28 direkt auf dieses Gebot: *„Wer gestohlen hat...“* Hier haben wir beide Seiten dieses Gebots, die positive und die negative. Wer gestohlen hat, soll damit aufhören und anfangen, zu arbeiten: *„Und schaffe mit eigenen Händen das nötige Gut.“* Wir sehen, dass dieses Gebot sehr viel mit unserem Alltag zu tun hat. Wir mögen unseren Beruf und unsere tägliche Arbeit oft als nicht besonders geistlich einstufen, aber die Bibel sagt uns, dass Arbeit etwas vom Wichtigsten ist, mit dem wir Gott ehren und gehorchen können.

Bitte lies 1.Thessalonicher 4,11-12 und 2.Thessalonicher 3,11-12 und schreibe auf, welchen Zweck unsere Arbeit vor Gott hat und welchen Nutzen wir daraus ziehen sollen:

____

____

____

Weiter meint dieses Gebot, dass wir fleissig arbeiten sollen, damit wir „den Bedürftigen abgeben können“. Es ist offensichtlich, dass nur diejenigen, die etwas besitzen, davon abgeben können. Durch unsere tägliche Arbeit bekommen wir die Mittel, mit denen wir anderen in unserer Umgebung helfen können. Deshalb sollten wir unserer Arbeit gegenüber keinesfalls negativ eingestellt sein, sondern Gott bitten, uns zu helfen, wirklich das zu tun, was Paulus in Kolosser 3,23 schrieb: *„Alles, was ihr tut, das tut von Herzen als dem Herrn und nicht den Menschen.“*

Das neunte Gebot
2. Mose 20,16: *„Du sollst nicht falsch Zeugnis reden...“* Dieses Gebot zeigt uns, wie wichtig Worte sind und welch unglaubliche Wirkung sie haben können. Die Fähigkeit, sich einander mitteilen zu können, ist eine der einzigartigen Charakteristiken des Menschen. Diese von Gott geschenkte Gabe zu missbrauchen und andere damit irrezuführen durch Lügen oder durch Verschweigen der Wahrheit, bedeutet, gegen eines der fundamentalen Gebote Gottes für den Menschen zu verstossen.

Die Macht der Zunge
Jakobus 3,1-12 spricht von der erschreckenden Macht der Zunge, wenn sie nicht unter Gottes Herrschaft steht: *„So ist auch die Zunge ein kleines Glied und richtet grosse Dinge an. Siehe, ein kleines Feuer, welch einen Wald zündet's an!“* (Vers 5).

Auf der anderen Seite kann unsere Zunge ein wunderbares Instrument in Gottes Hand sein, wenn wir Ihm erlauben, sie im Dienst für andere zu gebrauchen. Epheser 4,29: *„Lasst kein faules Geschwätz aus eurem Mund gehen, sondern redet, was gut ist, was erbaut und was notwendig ist, damit es Segen bringe denen, die es hören.“*

Ehrlichkeit ist wichtig
Da Worte Ausdruck unseres Herzens sind (Matthäus 12,34), nimmt dieses Gebot direkt Bezug auf die Ehrlichkeit und Lauterkeit unseres Herzens. Wenn wir es halten, bedeutet dies eine Verpflichtung zur Wahrheit in uns wie auch nach aussen. Psalm 11,7 sagt: *„Der Herr erfüllt, was er versprochen hat, und er liebt alle, die ihr Versprechen halten: Wer ihm gehorcht, der darf in seiner Nähe leben“ (Gute Nachricht-Bibel). Sprüche 3,32: „Denn der Herr verabscheut den, der sich von ihm abgewandt hat; aber den, der ihm gehorcht, macht er zu seinem Vertrauten“* (Gute Nachricht-Bibel).

✍ **Bitte lies Matthäus 5,3-10 (die Seligpreisungen) und notiere den Vers, der dieses Gebot betrifft.**

____

Das zehnte Gebot
2. Mose 20,17: *„Du sollst nicht begehren...“* Hier möchte ich J.I. Packer zitieren: *„Im zehnten Gebot,..., bewegt sich Gottes Suchscheinwerfer von der Handlung zur Haltung, von der Bewegung zu den Beweggründen und von verbotenen Taten zu verbotenen Wünschen. Das Wort „begehren“ drückt den Gedanken aus, nach unehrlichem und unehrenhaftem Gewinn zu suchen... Wenn „Du sollst nicht begehren...alles, was dein Nächster hat“ positiv gemeint ist, bedeutet es, mit dem, was man hat, zufrieden zu sein. Die Zufriedenheit, welche das zehnte Gebot „verschreibt“, ist der beste Schutz gegen Versuchungen, die Gebote fünf bis neun zu brechen. Der unzufriedene Mensch, dessen inneres Verlangen ihn selbstbezogen macht, betrachtet andere Leute als Werkzeuge, die er benützt, um seine eigene Gier zu befriedigen. Der zufriedene Mensch hingegen ist frei und kann sich darauf konzentrieren, seinen Nächsten richtig zu behandeln. Paulus schreibt im 1.Timotheus 6,6: „Gewiss bringt es grossen Gewinn, Gott zu dienen, wenn man nur sein Herz nicht an irdischen Besitz hängt.“*[15]

✍ **Bitte lies Matthäus 6,25-34 und schreibe auf, welche Lösung uns Jesus gab gegen das Sorgen, welches der grösste Feind der Zufriedenheit ist.**

____

____

[15] J.I. Packer, *„I Want to be a Christian“*, (Eastbourne: Kingsway Publications, 1988), S. 231

1. Tag: „Gottes Plan für dein Leben“

☞ **Wochenvers zum Auswendiglernen: Matthäus 6,33**
Lies bitte: Matthäus 6,25-34

Gott hat einen Plan für unser Leben
Die Bibel sagt eindeutig, dass wir kein Zufallsprodukt des Evolutionsprozesses sind. Wir sind die Schöpfung unseres allmächtigen, weisen und liebenden Gottes. Die besondere Bedeutung, die im Menschsein liegt, können wir spüren, und sie wurde uns von Gott selbst gegeben. 1. Mose 1,27: *„Und Gott schuf den Menschen zu seinem Bilde, zum Bilde Gottes schuf er ihn; und schuf sie als Mann und Weib.“* Wer sind wir und warum sind wir hier? Gott hatte eine bestimmte Absicht, als Er uns in diese Welt setzte. Was könnte unserem Leben mehr Sinn geben, als dieses Wissen? Doch Gott hat den Menschen nicht nur erschaffen, sondern Er kümmert sich auch weiterhin täglich um unser Leben. Er möchte uns führen: Psalm 37,5-6: *„Befiehl dem Herrn deine Wege und hoffe auf ihn, er wird's wohl machen und wird deine Gerechtigkeit heraufführen wie das Licht und dein Recht wie den Mittag.“* Psalm 37,23-24: *„Von dem Herrn kommt es, wenn eines Mannes Schritte fest werden, und er hat Gefallen an seinem Wege. Fällt er, so stürzt er doch nicht; denn der Herr hält ihn fest an der Hand.“*

In früheren Lektionen sahen wir, dass der Mensch seine persönliche Beziehung und die Gemeinschaft mit Gott verwirkte, als er sich gegen Ihn auflehnte. Dabei verlor er auch die Führung und den Schutz, den er unter Gottes Herrschaft genoss. Wenn wir heute unser Vertrauen in Jesus Christus setzen, Vergebung unserer Sünden empfangen und unsere Leben willig unter Gottes Herrschaft stellen, dann steht uns die wunderbare Gelegenheit wieder offen, Gottes Schutz und Seine Führung zu erfahren. Das heisst natürlich nicht, dass wir im Paradies leben, in einem Zustand der Vollkommenheit. Doch es heisst, dass trotz all der Probleme und Feinde, die uns gegenüberstehen, Gott uns in Seiner Weisheit und Macht führen und beschützen kann.

Das Beispiel von Hiob
Das Buch Hiob illustriert diese Wahrheit wahrscheinlich besser als irgendein anderes Buch der Bibel. Wir sehen hier, dass Satan um Erlaubnis bittet (beachte: er muss darum bitten!), dass er Hiob, der ein gerechter und gottesfürchtiger Mann war, verfolgen und ihm Böses antun dürfe. Gott ging auf Satans Bitte ein, hatte jedoch während der ganzen Zeit, in der Hiob geprüft wurde, alles völlig unter Kontrolle. Obwohl Satan danach trachtete, Hiob zu zerstören, gebrauchte Gott Satans Anstrengungen dazu, Hiob am Ende noch mehr zu segnen. Hiob 42,5 sagt: *„Ich hatte von dir nur vom Hörensagen vernommen; aber nun hat mein Auge dich gesehen.“* Hiob lernte durch all das Gott nicht nur in einer viel tieferen Weise kennen, sondern er erhielt wieder eine Familie und seinen Besitz zurück und wurde vor seinen Freunden gerechtfertigt. Darüber schreibt Paulus in Römer 8,28: *„Wir wissen aber, dass denen, die Gott lieben, alle Dinge zum Besten dienen, denen, die nach seinem Ratschluss berufen sind.“*

Dieses Beispiel aus dem Alten Testament zeigt uns, dass Gott treu bleibt und alles unter Kontrolle hat, auch wenn wir von unseren Feinden konfrontiert werden. Diese Feinde sind Satan, unsere sündige Natur, eine gefallene Schöpfung und die Welt um uns herum. Paulus fährt in Römer 8,38-39 fort: *„Denn ich bin gewiss, dass weder Tod noch Leben, weder Engel noch Mächte noch Gewalten, weder Gegenwärtiges noch Zukünftiges, weder Hohes noch Tiefes noch eine andere Kreatur uns scheiden kann von der Liebe Gottes, die in Christus Jesus ist, unserm Herrn.“*

Gott möchte, dass wir Ihm vertrauen
Es liegt in unserer menschlichen Natur, dass wir gerne wissen möchten, was uns die Zukunft bringt. Wir wollen für jede Situation, in die wir kommen können, gut vorbereitet

sein. Es kann einem tatsächlich Angst machen, nicht zu wissen, was die Zukunft bringt. Jesus gab in Matthäus 6 die Antwort auf das Problem der Ungewissheit und Sorge. Hier nennt Er uns Gottes Antwort auf die vielen Fragen und Befürchtungen, die wir über die Zukunft und Gegenwart haben: Wir sollen einfach unserem himmlischen Vater vertrauen! Das heisst nicht, dass wir immer eine sofortige Lösung haben werden, aber Er kennt unsere Bedürfnisse. Er ist Herr über die Umstände, in denen wir uns befinden, und Er wird für uns sorgen. So heisst es in Matthäus 6,31-32: *„Darum sollt ihr nicht sorgen und sagen: Was werden wir essen? Was werden wir trinken? Womit werden wir uns kleiden? Nach dem allen trachten die Heiden. Denn euer himmlischer Vater weiss, dass ihr all dessen bedürft."*

Dies ist das wichtigste Prinzip, das wir in dem Lernprozess, Gottes Führung in unserem Leben zu erfahren, begreifen müssen. Gott erklärt uns nicht immer, was Er in unserem Leben tut. Wie Matthäus 6 deutlich macht, beabsichtigt Er auch nicht unbedingt, uns im voraus zu sagen, was Er tun wird. Er erwartet jedoch von uns, dass wir Ihm vertrauen. Matthäus 6,34: *„Darum sorgt nicht für morgen, denn der morgige Tag wird für das Seine sorgen. Es ist genug, dass jeder Tag seine eigene Plage hat."*

Wie hat Gott das Volk Israel geführt?

Dieses Prinzip, Gott dafür zu vertrauen, dass Er für uns sorgt, und uns um die Zukunft keine beunruhigenden Gedanken zu machen, wird am besten durch die Art und Weise ersichtlich, wie Gott das Volk Israel aus Ägypten in das verheissene Land geführt hat. Im 2. Mose 40,36-37 lesen wir folgendes: *„Und immer, wenn die Wolke sich erhob von der Wohnung, brachen die Israeliten auf, solange ihre Wanderung währte. Wenn sich die Wolke aber nicht erhob, so zogen sie nicht weiter bis zu dem Tag, an dem sie sich erhob."* Gott gab ihnen nicht im voraus einen Plan in die Hand, auf dem verzeichnet war, was sie in den kommenden Wochen und Monaten zu tun hätten, sondern Er führte sie Tag für Tag. Die Kinder Israels mussten Gott jeden Tag neu vertrauen. Genauso müssen wir unserem himmlischen Vater in jedem Bereich unseres Lebens täglich Vertrauen schenken, denn Er sorgt für uns.

✍ **Lies bitte Psalm 91,1-13 und schreibe mindestens drei Verheissungen auf, wie Gott für uns sorgt:**

____

____

____

2. Tag: „Sei treu“

☞ **Wochenvers zum Auswendiglernen: Matthäus 6,33**
Lies bitte: Matthäus 25,14-30

Unseren Teil beitragen
Einige Religionen dieser Welt glauben an einen Gott, der lediglich Vorschriften macht und Menschen manipuliert, ganz nach Lust und Laune. Die Bibel jedoch lehrt uns, dass Gott ein liebender Gott ist, der uns die Wahl lässt, mit Ihm zusammenzuarbeiten oder auch nicht. Es ist ganz natürlich und richtig, wenn wir uns fragen, ob wir so leben, wie Gott es möchte, und ob wir unseren Teil dazu beitragen, dass Er in unserem Leben das erreichen kann, was Er vorhat. In einem Gleichnis, das Jesus in Matthäus 25,14-30 erzählt, wird dies illustriert.

Das Gleichnis vom anvertrauten Geld (Matthäus 25,14-30)
Das Schlüsselwort in diesem Gleichnis ist das Wort *„treu“*. Die beiden Männer, die sich als treu erwiesen hatten, wurden durch grössere Verantwortung belohnt. Sie hatten sich um das bemüht, was ihnen anvertraut war. Als Ergebnis wurden sie von ihrem Herrn gelobt, und er gab ihnen sogar noch grössere Geldmengen (Talente[16]), mit denen sie arbeiten sollten. Oder anders ausgedrückt: Ihre Treue hatte einen direkten und positiven Einfluss auf den weiteren Verlauf ihres Lebens. Der eine Mann, der sich um das, was ihm sein Meister gegeben hatte, nicht kümmerte, verlor alles, was ihm anvertraut worden war. Seine Untreue hatte ebenfalls einen Einfluss auf den weiteren Verlauf seines Lebens, aber einen negativen.

Es ist eine natürliche menschliche Tendenz, wissen zu wollen, was die Zukunft bringt. Wir neigen dazu, uns auszudenken, was noch kommen wird, anstatt unsere Aufmerksamkeit auf die Gegenwart zu lenken. Unter anderem sollen wir aus diesem Gleichnis lernen, mit den Dingen treu umzugehen, die Gott uns bereits anvertraut hat. Ein bekannter Mediziner drückte es einmal so aus: *„Die beste Vorsorge für morgen ist, heute ausgezeichnete Arbeit zu leisten.“*

Welche Talente haben wir bekommen?
Gott hat jeden von uns mit vielen „Talenten“ ausgerüstet. Er hat uns einen Verstand gegeben, einen Körper, eine persönliche Beziehung zu Ihm selbst, Zeit, Fähigkeiten und Begabungen, Familie und Freunde, Arbeitskollegen, Verantwortung in der Gemeinde und vieles mehr. Wir brauchen uns nicht um Dinge zu sorgen (und das tun wir oft!), die wir noch nicht haben oder die wir gerne hätten. Wir sollen in den Bereichen treu sein, die Er uns bereits gegeben hat. Mit jedem Schritt, den wir im Gehorsam machen, kann Gott uns tiefer in Seinen Willen für unser Leben hineinführen.

Josef - aus dem Gefängnis auf den Thron
Es gibt wahrscheinlich niemand in der Bibel, der das Prinzip des Treuseins und der Führung Gottes in seinem Leben besser veranschaulicht, als Josef. Man kann von ihm sagen, dass er in allem, was er tat, treu war. Ob er als Sklave verkauft wurde und den Haushalt eines ägyptischen Beamten führte, ob er versucht wurde, Ehebruch zu begehen, ob er ins Gefängnis geworfen und vergessen wurde: Josef blieb treu. Gott segnete ihn in jeder Situation. Gott hatte einen wunderbaren Plan für Josef. Die vielen Jahre seines Lebens, die zunächst aussahen, als ob sie vergeudete Zeit seien in Sklaverei und im Gefängnis, wurden zu wichtigen Jahren der Vorbereitung für einen Mann, der das zweithöchste Amt in ganz Ägypten einnehmen sollte. Das Wort Gottes betont in Josefs Leben immer wieder das eine Prinzip, nämlich, dass er treu war. Deshalb konnte Gott ihn immer weiter in den Plan hineinführen, den Er für ihn hatte.

Es werden noch viele Zeiten in unserem Leben kommen, in denen wir, wie Josef, durch

[16] Die damalige Gewichts- und Geldeinheit war das „Talent“.

Erfahrungen gehen müssen, die wir nicht begreifen. Was wir aber nicht vergessen dürfen ist, dass unser himmlischer Vater für uns sorgen will und kann (Matthäus 6,25-34), und dass wir weiterhin treu mit dem weitermachen, was er uns gegeben hat. Lukas16,10: *„Wer im Geringsten treu ist, der ist auch im Grossen treu; und wer im Geringsten ungerecht ist, der ist auch im Grossen ungerecht."*

✍ **Welches sind die Bereiche in deinem Leben, in denen du gerade jetzt treu sein sollst?**

____

____

____

3. Tag: „Gott führt uns durch Sein Wort“

☞ **Wochenvers zum Auswendiglernen: Matthäus 6,33**
Lies bitte: Kolosser 1,9-10; Römer 12,1-2

In dieser Lektion wollen wir uns anschauen, wie Gott uns durch Sein Wort, die Bibel, führen möchte. Wenn wir davon sprechen, dass wir durch Gottes Wort geführt werden, heisst das nicht, dass wir die Bibel als Orakel benutzen, das uns die Zukunft vorhersagen soll. Die Bibel ist Gottes inspiriertes Wort an den Menschen, und sie ist die Leitlinie, nach der wir leben sollen. Die Bibel gibt uns allgemeine und manchmal auch ganz spezifische Anweisungen, nach denen wir leben sollen. Die zehn Gebote fassen diese Leitlinien für uns zusammen. Doch kommen wir alle irgendwann in Situationen, die die Bibel nicht speziell erwähnt. Zum Beispiel wird uns nicht gesagt, wen wir als Ehepartner wählen sollen oder in welche Anlagemöglichkeiten wir unser Geld investieren sollen. Wie kann die Bibel uns dabei helfen, Entscheidungen zu treffen, die in Übereinstimmung mit Gottes Willen sind?

Welche biblischen Prinzipien sind auf diese Situation anwendbar?
Gott hat uns Seine moralischen Werte offenbart, die Richtlinien, nach denen wir leben sollen. Sie gelten für jeden Bereich unseres Lebens. Die Prinzipien, die Gott uns in Seinem Wort gegeben hat, wie Gehorsam, Wahrhaftigkeit, Treue in unseren täglichen Verpflichtungen usw. sind ganz klar aufgezeigt und sollen uns dabei leiten, weise Entscheidungen zu treffen.Wir mögen verschiedene Wünsche, Vorstellungen oder Pläne haben, doch die wichtigste Voraussetzung dafür, dass Gottes Wort uns leitet, ist, Seinem Wort entsprechend zu leben und unsere Entscheidungen darauf auszurichten. Diese Hingabe an das Wort wird im Psalm 119,9 deutlich: *„Wie wird ein junger Mann seinen Weg unsträflich gehen? Wenn er sich hält an deine Worte“,* und ebenso im Pslam 119,105: *„Dein Wort ist meines Fusses Leuchte und ein Licht auf meinem Wege.“*

Auch wenn wir nicht alle biblischen Zusammenhänge für unsere Situation begriffen haben, können wir doch gewiss sein, dass Gott uns durch Sein Wort führen und leiten wird. Voraussetzung ist, dass wir tun, was uns Psalm 119,9 sagt, nämlich uns an Sein Wort halten.

2. Timotheus 3,16-17: *„Denn alle Schrift, von Gott eingegeben, ist nütze zur Lehre, zur Zurechtweisung, zur Besserung, zur Erziehung in der Gerechtigkeit, dass der Mensch Gottes vollkommen sei, zu allem guten Werk geschickt.“*

Die Freiheit der Wahl
Als Gott Adam und Eva in den Garten Eden stellte, gab Er ihnen einen Auftrag. Es wurde ihnen die Verantwortung auferlegt, Entscheidungen zu treffen. Es war nie Gottes Absicht, aus dem Menschen eine Marionette zu machen. 1. Mose 1,27: *„Und Gott schuf den Menschen zu seinem Bilde, zum Bilde Gottes schuf er ihn.“* Das heisst, der Mensch erhielt eine Persönlichkeit, Selbstbewusstsein und die Möglichkeit, frei zu wählen. Wenn wir Christen werden, wird der Wunsch in uns wach, so zu leben, dass unsere Entscheidungen Gottes Willen entsprechen. Wir möchten nicht unvorsichtig sein, doch sollen wir auch nicht vor Entscheidungen zurückschrecken und uns ohne Angst in der Umgebung bewegen, in die Er uns hineingestellt hat.

Gott hat uns sozusagen einen Spielplatz gegeben und sagt uns nun nicht unbedingt, dass wir die ersten fünf Minuten auf der Rutschbahn sein sollen und die nächsten zehn Minuten auf der Schaukel. Er hat uns einen Freiraum gegeben, in dem wir uns bewegen und kreativ sein können, und wo wir auch Entscheidungen fällen. Doch gleichzeitig müssen wir darauf achten, Seinem Wort gegenüber gehorsam zu sein und auf Seine Stimme zu achten, während wir vorwärtsgehen.

In Apostelgeschichte 16,6-10 lesen wir über Paulus und Silas, die sich gerade auf einer Missionsreise durch Kleinasien befanden, der heutigen Türkei. Sie hatten verschiedene Gemeinden in den Regionen Phrygien und Galatien besucht (heutiger südöstlicher Teil der Türkei). Sie überbrachten Entscheidungen, die von den Ältesten in Jerusalem getroffen worden waren, und verkündigten das Wort Gottes, wo immer sie hinkamen. Als sie jedoch in die Provinzen Asien und Bithynien weiterziehen wollten, hinderte der Heilige Geist sie daran. Eines Nachts erhielt Paulus eine Vision, die ihm klarmachte, dass sie nach Mazedonien gehen sollten. In dieser Geschichte wird klar, dass Paulus und Silas nicht jeden Schritt, den sie tun sollten, im voraus wussten. Sie setzten ihren Weg fort, so, wie sie geleitet wurden. Sie machten Pläne und fingen an, sie auszuführen, und obwohl sie versuchten, in Gebiete zu gehen, die Gottes Plan zu jenem Zeitpunkt nicht entsprachen, waren sie sensibel genug, Seine Stimme zu hören, wenn er zu ihnen redete.

✍ **Auf welche praktische Weise kann Gott dich durch Sein Wort führen?**

____

____

____

____

4. Tag: „Führung und die Gemeinde“

☞ **Wochenvers zum Auswendiglernen: Matthäus 6,33**
Lies bitte: Epheser 4,11-16; Kolosser 3,12-17

Glieder des Leibes Christi
Ein wichtiges Prinzip, das Gottes Führung in unserem Leben betrifft und das wir verstehen müssen, hat mit unserer Beziehung zu unserer lokalen Gemeinde zu tun. Wir sahen bereits in den Lektionen über die Gemeinde, dass Gott nicht wollte, dass wir unser Leben isoliert leben, sondern in Gemeinschaft mit unseren Brüdern und Schwestern in Christus. Es wurde uns auch aufgezeigt, dass wir dies nur dann in die Praxis umsetzen können, wenn wir ein engagiertes und verantwortungsvolles Mitglied einer Gemeinde sind. Gott hat es so eingerichtet, dass Er oft andere Christen benutzt, um in unserem Leben etwas zu bewirken. Wir müssen uns in diesem Zusammenhang nochmals in Erinnerung rufen, was Paulus in Epheser 4,16 schrieb: *„Von dem aus der ganze Leib zusammengefügt ist und ein Glied am anderen hängt durch alle Gelenke, wodurch jedes Glied das andere unterstützt nach dem Mass seiner Kraft und macht, dass der Leib wächst und sich selbst aufbaut in der Liebe.“*

Wir brauchen uns keine Gedanken darüber machen, wie Gott das praktisch tut. Das einzige, worum wir uns kümmern müssen, ist, dass wir gehorsam am Leben Seines Leibes, der Gemeinde, teilnehmen.

Paulus und seine Mitgläubigen
Obwohl der Apostel Paulus oft Weisungen durch den Heiligen Geist und durch Visionen erhielt, gebrauchte Gott auch gläubige Geschwister in seinem Leben. In Apostelgeschichte 19 lesen wir, dass Paulus sich einer gefährlichen Situation in der Stadt Ephesus gegenübersah. Er hatte dort für eine kurze Zeit gedient, während der viele zum Glauben an Jesus Christus gekommen waren. So viele Menschen hatten Busse getan über ihre Sünden und okkkulten Betätigungen, dass es sich sogar auf die Wirtschaftslage der Stadt auswirkte. Die Goldschmiede, die am meisten davon betroffen waren, stifteten eine grosse Menge Menschen an, dafür zu sorgen, dass Paulus von der Bildfläche verschwinden sollte. Mitten in diesem Aufruhr *„wollte Paulus unter das Volk gehen, doch die Jünger liessen's ihm nicht zu“* (Apostelgeschichte 19,30). Zu diesem entscheidenden Zeitpunkt sorgte Gott dafür, dass Mitchristen Paulus davor bewahrten, eine unweise Entscheidung zu treffen, die katastrophale Folgen gehabt hätte.

Paulus hilft Petrus
In Galater 2 beschreibt der Apostel Paulus eine Auseinandersetzung, die er mit dem Apostel Petrus hatte. Petrus, der in den Traditionen des jüdischen Glaubens erzogen war, sah sich mit einer Gewissensfrage konfrontiert, als er die Gemeinde in Antiochien besuchte. Nach der jüdischen Tradition war es ihm nicht erlaubt, mit Nichtjuden zu essen. Doch laut dem Evangeliun waren Juden und Nichtjuden jetzt in Christus vereint. Das Problem wurde akut, als einige jüdische Brüder von Jerusalem kamen. Petrus wollte plötzlich nicht mehr mit den Nichtjuden an einem Tisch sitzen. Paulus, der dies beobachtete, und die gefährlichen Konsequenzen dieses Verhaltens für die junge Gemeinde realisierte, konfrontierte Petrus vor der ganzen Gruppe wegen seines heuchlerischen Benehmens. Das war ganz bestimmt eine sehr unangenehme Angelegenheit für alle, die anwesend waren, und doch war sie ausserordentlich wichtig für Petrus und für die ganze Gemeinde. Gott gebrauchte Paulus, um Petrus davor zu schützen, in der von ihm eingeschlagenen falschen Richtung weiterzugehen.

Gott möchte gern in unser Leben Mitchristen setzen, die er gebrauchen kann, um uns zu dienen. Das heisst nicht, dass wir von anderen Personen abhängig sein sollen. Wir sollen allein von Gott abhängig sein, doch auch realisieren, dass Gott oft Menschen als Seine

Werkzeuge in unserem Leben gebraucht.

Gott gebraucht Umstände
Es gibt wahrscheinlich nichts, das mehr Unruhe und Angst verursacht, als negative und unvorhergesehene Umstände. In unserer westlichen Gesellschaft versuchen viele Menschen, ihr bestes zu tun, indem sie die Dinge in ihre eigenen Hände nehmen, um ihr Schicksal zu steuern, so gut sie können. Andere nehmen einen fatalistischeren Standpunkt ein, indem sie resignieren und sagen: „Was immer kommen wird, wird kommen."

Die Bibel jedoch gibt uns ein völlig anderes Bild. In Matthäus 6,25 heisst es: *„Darum sage ich euch: Sorgt nicht um euer Leben, was ihr essen und trinken werdet; auch nicht um euren Leib, was ihr anziehen werdet. Ist nicht das Leben mehr als die Nahrung und der Leib mehr als die Kleidung?"* Vers 32: *„Nach dem allen trachten die Heiden. Denn euer himmlischer Vater weiss, dass ihr all dessen bedürft."* Wir sind weder uns selbst noch dem Schicksal überlassen, sondern wir haben einen allmächtigen, liebenden und für uns sorgenden himmlischen Vater, der sich sehr um unser tägliches Leben kümmert. Römer 8,28 sagt, dass Gott selbst in negativen Umständen fähig ist, alles zu unserem Besten zu wenden: *„Wir wissen aber, dass denen, die Gott lieben, alle Dinge zum Besten dienen, denen, die nach seinem Ratschluss berufen sind."* Das Alte und das Neue Testament sind voll mit Beispielen von gläubigen Menschen, die Gottes Führung sowohl in positiven wie auch negativen Umständen erfahren haben.

✍ **Kannst du mindestens zwei Menschen aus dem Alten Testament nennen, die Gottes Führung erfuhren in a) negativen Umständen und b) positiven Umständen?**

a) ____

____

b) ____

____

5. Tag: „Besondere Führung in besonderen Situationen“

☞ **Wochenvers zum Auswendiglernen: Matthäus 6,33**
Lies bitte: Apostelgeschichte 10,1-33

Was meinen wir mit „besonderer Führung“?
In der Bibel haben wir viele Beispiele von Menschen, die auf verschiedenste Art und Weise besondere Führung von Gott empfingen. Im Alten Testament lesen wir, dass Gott mit Abraham sprach und ihm sagte: *„Geh...in ein Land, das ich dir zeigen will“* (1. Mose 12,1). Es wird uns nicht berichtet, auf welche Weise Gott zu ihm sprach, aber offensichtlich war es klar und deutlich. Josef wurden Träume gegeben (1. Mose 37). Die Priester und Führer Israels warfen oft das Los, um Gottes Willen zu erkennen. Die Propheten, die die besondere Gabe hatten, Gottes Willen zu erkennen, wurden oft von Gott gebraucht, um dem Volk Israel und seinen Königen die Richtung zu weisen.

Im Neuen Testament, das für unser Verständnis, wie Gott heute an uns handelt, besonders wichtig ist, werden uns ebenfalls die verschiedensten Möglichkeiten aufgeschlossen, wie Gott Seine Kinder führt. Engel wurden als Botschafter gesandt (Apostelgeschichte 10,3). Lose wurden geworfen (Apostelgeschichte 1,26). Visionen wurden empfangen (Apostelgeschichte 10,10). Gaben des Heiligen Geistes wurden gegeben, z.B. Worte der Weisheit (Apostelgeschichte 5,3). Träume wurden gegeben (Matthäus 2,19; Apostelgeschichte 2,17), und auch im Neuen Testament haben Propheten unter der Leitung des Heiligen Geistes geredet (Apostelgeschichte 21,10-11). Natürlich gibt es noch viele andere Möglichkeiten, wie Gott uns führen kann, aber wichtig ist für uns, zu wissen, dass wir immer in den Prinzipien des Wortes Gottes bleiben müssen. Gott möchte mehr als alles andere, dass wir Ihm, unserem liebenden himmlischen Vater vertrauen, der immer fähig sein wird, für uns zu sorgen.

Gott weiss, wann wir besondere Führung brauchen
Gott weiss viel besser als wir, ob wir besondere Führung brauchen. Wir sollen im Gebet und durch das Wort Gottes Seinen Willen suchen, aber Ihm nicht vorschreiben, wie es geschehen soll. In diesem Zusammenhang ist es interessant, festzustellen, dass es sich in den meisten Fällen besonderer Führung im Neuen Testament um unerwartete Offenbarungen Gottes handelte. Als sich die Leiter in Antiochien bei einer ihrer Gebetszusammenkünfte trafen, sprach der Heilige Geist zu ihnen und wies sie an, Paulus und Barnabas auf eine Missionsreise zu senden. Als Petrus im Haus eines Freundes war und auf dem Dach betete, gab Gott ihm eine völlig unerwartete Vision (Apostelgeschichte 10). Aus diesen Beispielen ersehen wir, dass Gott oft redet, wenn Gläubige als einzelne oder in Gruppen im Gebet sind. In jedem Fall aber haben alle, zu denen Gott sprach, offen und sensibel auf die Stimme des Heiligen Geistes reagiert.

Wir müssen beten
Wenn wir vor einer Entscheidung stehen, die besondere Führung von Gott verlangt, sind wir verpflichtet, uns im Gebet an Ihn zu wenden. So hat es die erste Gemeinde praktiziert (Apostelgeschichte 4). Das hat uns auch Jesus im Vaterunser gelehrt: *„Und führe uns nicht in Versuchung, sondern erlöse uns von dem Bösen“* (Matthäus 6,13). Dazu ermahnten auch die Schreiber des Neuen Testamentes wiederholt die frühe Gemeinde (1. Thessalonicher 5,17). Epheser 6,18: *„Betet allezeit mit Bitten und Flehen im Geist und wacht dazu mit aller Beharrlichkeit im Gebet für alle Heiligen.“*

Wenn wir im Gehorsam des Wortes Gottes leben und uns vertrauensvoll im Gebet an unseren Vater wenden, dürfen wir sicher sein, dass Er unser Gebet hört und beantwortet. Vielleicht nicht in dem Sinn, wie wir es erwartet, was wir erwartet, oder wenn wir es erwartet haben, aber Er wird uns führen. Wir müssen uns immer wieder in Erinnerung rufen, was Jesus in der Bergpredigt sagte: *„Darum sorgt nicht für morgen...“* (Matthäus 6,34a).

Einige wichtige Punkte, die wir uns merken müssen
Zusammenfassend wollen wir uns noch einmal einige wichtige Prinzipien in bezug auf das Erkennen des Willens Gottes anschauen:

1. Gott möchte vor allem, dass wir Ihm vertrauen, dass Er für uns sorgt (Matthäus 6,25-34).

2. Es muss für uns selbstverständlich sein, im Gehorsam Gottes Wort gegenüber zu leben, das uns in der Bibel offenbart ist. Wir müssen treu darin sein, mit dem Heiligen Geist Schritt zu halten, was unseren Lebensstil betrifft, unsere Beziehung zu einzelnen und zur lokalen Gemeinde. All das spielt eine wichtige Rolle im Hinblick auf die Tatsache, wie Gott uns führt (Galater 5,25).

3. Selbst in negativen Umständen sollen wir Gott vertrauen, weil wir wissen, dass alles Seiner Kontrolle unterstellt ist (Römer 8,28).

4. Wir sollen der Stimme des Heiligen Geistes gegenüber empfindsam sein. Wie es in Epheser 6,18 heisst, sollen wir *„im Geist beten“*. Das heisst, wenn wir beten, sollen wir es unter Seiner Wirkung und mit Seiner Hilfe tun. Ob es nun um Führung für unser Leben geht oder darum, dass Er uns zeigt, für was wir beten sollen: wir müssen immer offen für Ihn sein und auf Ihn hören.

✍ **Lies nochmals Apostelgeschichte 10,1-8 (Teil unserer heutigen Bibellese) und schreibe auf, 1. warum Kornelius Führung brauchte und 2. was er getan hat, das Gott veranlasste, Seinen Engel zu senden:**

1. ______________________________

____

2. ______________________________

____

Woche 6

Römer 8,14
Denn welche der Geist Gottes treibt, die sind Gottes Kinder.

1. Korinther 12,4
Es sind verschiedene Gaben; aber es ist ein Geist.

Woche 7

Galater 2,20
Ich lebe, doch nun nicht ich, sondern Christus lebt in mir. Denn was ich jetzt lebe im Fleisch, das lebe ich im Glauben an den Sohn Gottes, der mich geliebt hat und sich selbst für mich dahingegeben.

Woche 8

1. Korinther 11,23b-25
Der Herr Jesus, in der Nacht, da er verraten ward, nahm er das Brot, dankte und brach's und sprach: Das ist mein Leib, der für euch gegeben wird; das tut zu meinem Gedächtnis. Desgleichen nahm er auch den Kelch nach dem Mahl und sprach: Dieser Kelch ist der neue Bund in meinem Blut; das tut, sooft ihr daraus trinkt, zu meinem Gedächtnis.

Woche 9

Matthäus 22,37-39
Jesus aber antwortete ihm: „Du sollst den Herrn, deinen Gott, lieben von ganzem Herzen, von ganzer Seele und von ganzem Gemüt". Dies ist das höchste und grösste Gebot. Das andere aber ist dem gleich: „Du sollst deinen Nächsten lieben wie dich selbst".

Woche 10

Matthäus 6,33
Trachtet zuerst nach dem Reich Gottes und nach seiner Gerechtigkeit, so wird euch das alles zufallen.

Woche 1

Römer 3,23-24
Sie sind allesamt Sünder und ermangeln des Ruhmes, den sie bei Gott haben sollten, und werden ohne Verdienst gerecht aus seiner Gnade durch die Erlösung, die durch Christus Jesus geschehen ist.
Römer 6,23
Denn der Sünde Sold ist der Tod; die Gabe Gottes aber ist das ewige Leben in Christus Jesus, unserem Herrn.

Woche 2

2. Timotheus 3,16-17
Denn alle Schrift, von Gott eingegeben, ist nütze zur Lehre, zur Zurechtweisung, zur Besserung, zur Erziehung in der Gerechtigkeit, dass der Mensch Gottes vollkommen sei, zu allem guten Werk geschickt.

Woche 3
Matthäus 6,9-13
Unser Vater im Himmel! Dein Name werde geheiligt. Dein Reich komme. Dein Wille geschehe wie im Himmel so auf Erden. Unser tägliches Brot gib uns heute. Und vergib uns unsere Schuld, wie auch wir vergeben unsern Schuldigern. Und führe uns nicht in Versuchung, sondern erlöse uns von dem Bösen. Denn dein ist das Reich und die Kraft und die Herrlichkeit in Ewigkeit. Amen.

Woche 4

1. Petrus 2,9
Ihr aber seid das auserwählte Geschlecht, die königliche Priesterschaft, das heilige Volk, das Volk des Eigentums, dass ihr verkündigen sollt die Wohltaten dessen, der euch berufen hat von der Finsternis zu seinem wunderbaren Licht.

Woche 5
Römer 8,28
Wir wissen aber, dass denen, die Gott lieben, alle Dinge zum Besten dienen, denen, die nach seinem Ratschluss berufen sind.